EL FIN

ESTADO PROFÉTICO DE LAS NACIONES

J.A. PÉREZ

I0181414

Keen Sight Books

Puede encontrarnos en la red en: www.KeenSightBooks.com
Reportar errores de imprenta a errata@keensightbooks.com

ISBN: 978-0615732763

Printed in the U.S.A.

este libro es dedicado a Samuel, Jesse y Amy

...mis hijos y gran tesoro.

agradecimientos

A mi Dios, por todo. A mi esposa e hijos, quienes

pacientemente me prestan de su tiempo para escribir.

A mi equipo por su ardua labor en todo trabajo literario.

A mi madre por su ayuda en las correcciones al manuscrito.

A Link, nuestro hermoso gato que fielmente me acompaña

mientras escribo.

Contenido

Introducción

HACIA El FIN

Estado profético de las naciones

Las Profecías cumplidas garantizan las que se cumplirán. Quizá ha usted oído el dicho: "La Historia se Repite". Bueno, una manera de asegurar que lo que sale de la boca de Dios se cumplirá es porque la historia nos demuestra que todo lo que Dios dijo que iba a acontecer en el pasado se cumplió, y no solo eso; cada profecía pasada se cumplió con exactos detalles.

Este libro se divide en cinco partes

La parte primera tratará con profecías cumplidas. Trataremos 54 profecías que fueron dadas por los profetas antiguos sobre la primera venida del Mesías.

Esto lo haremos para establecer dos cosas: 1- Que todo lo que Dios dijo en lujo de detalles que iba a acontecer en la primera venida de Cristo se cumplió, y esto establece que Dios cumple todo lo que dice que va a hacer. 2- De la misma manera que Dios cumplió todo lo relacionado a la primera venida de Cristo, así cumplirá todo lo relacionado a la segunda venida, o sea, de la misma manera que pudimos confiarlo en el pasado, podemos confiarlo en el futuro.

Las otras cuatro partes de este libro tratarán todo con futuro. "Aquellas cosas que todavía no se han cumplido" en cuanto a la "Segunda Venida" de Cristo y el cierre de esta etapa de la historia de la manera en que la conocemos, o sea, las cosas que tienen que ver directamente con "el fin de los tiempos".

Nota Importante: Quizá algunas cosas en estas cuatro partes del libro le sorprendan, pues no nos apoyamos en la interpretación que popularmente ha sido aceptada como única en cuanto a las cosas que han de acontecer.

Por ejemplo: Una de las escuelas más populares de interpretación apocalíptica, asegura que antes que el Señor regrese, se deberá levantar un tercer templo en Jerusalén, y algunos han ido tan lejos como a asegurar que en una futura era, judíos y gentiles adorarán juntos en ese templo donde se restaurarán los sacrificios de la manera que fue en el templo de Salomón (o más tarde en el templo de Herodes).

Esto no solamente NO tiene apoyo bíblico, sino que viola una doctrina cardinal en cuanto al Pacto de Gracia.

Regresar a sacrificios en un templo sería retroceder a la ley (un pacto que ya caducó para siempre) y anular el perfecto sacrificio de Cristo (el cordero sin mancha) el cual una vez ofrecido ya no hay necesidad de más sacrificios. Más en detalles en el capítulo 8 titulado: ¿Cual templo?

Algo que haremos para entender con claridad las profecías sobre el futuro será que miraremos todo a través del lente de Pablo, pues mirar material apocalíptico fuera de la revelación paulina del nuevo pacto siempre tiende a crear confusión.

Otra cosa que haremos es analizar los cambios de poderes que están ocurriendo en las naciones, estudiar las presentes tendencias en cuanto al esparcimiento del evangelio y cómo estos cambios afectan a Israel y la profecía que tiene que ver con el tiempo del fin.

Comencemos la carrera.

PARTE I PROFECÍAS CUMPLIDAS

1 PRECISIÓN PROFÉTICA

"Porque no hará nada Jehová el Señor, sin que revele su secreto a sus siervos los profetas. Amós 3:7"

El profeta Amós nos ha entregado una clave para entender la manera en que Dios desarrolla acontecimientos.

La historia nos enseña que nuestro Padre Celestial, primero diseña su plan en su mente, luego lo anuncia (por medio de sus mensajeros) y luego lo ejecuta.

No hay sorpresas.

Cuando Dios se dispuso a destruir a Sodoma y Gomorra, primero envió mensajeros.

Cuando se dispuso a juzgar la tierra por medio de un diluvio, primero envió a Noé, quien estuvo anunciando lo que habría de venir durante ciento veinte años.

Así la venida del Mesías fue extensamente anunciada. No solamente las apariciones angelicales a María y José. Durante siglos, Dios estuvo anunciando la venida de Jesús con gran exactitud y abundancia de detalles.

Muchos han tratado de desmentir la profecía diciendo que todo ha sido pura coincidencia (o casualidades). Sin embargo, la misma "Ciencia de Probabilidad" excluye toda posibilidad de coincidencias.

Las siguientes probabilidades son tomadas del libro La Ciencia Habla [Science Speaks] de Peter Stoner (Moody Press, 1963) donde se muestra que la coincidencia es excluida por la ciencia de la probabilidad[1].

Dice Stoner que usando la ciencia moderna de la probabilidad con relación a ocho profecías: "encontramos que la oportunidad de que cualquier hombre que pudiera haber vivido hasta el momento actual y de que hubiera cumplido todas las ocho profecías es de 1 en 1017." O sea, el equivalente de una (1) oportunidad en 100.000.000.000.000.000. Para podernos ayudar a comprender esta asombrosa probabilidad, Stoner la ilustra suponiendo que si "tomamos 1017 monedas de dólar de plata y las colocamos en el estado de Texas, éstas cubrirían todo el estado hasta sesenta y dos centímetros de profundidad."

"Ahora, marque una de estas monedas y revuelva a fondo la masa completa de éstas en todo el estado. Cúbrale los ojos a un hombre y dígale que puede viajar por todo Texas y tan lejos como desee pero que debe escoger de entre todas las monedas la moneda marcada inicialmente. ¿Qué oportunidad tendrá este hombre de escoger la moneda marcada? Exactamente la misma posibilidad que los profetas hubieran tenido al escribir estas ocho profecías y hacer que estas se cumplieran en cualquier hombre."

Stoner considera las 48 profecías y dice: "encontramos que la oportunidad de que cualquier hombre pudiera hacer cumplir todas las 48 profecías es de 1 en 10157, o lo que es equivalente:

100.000.000.000.000.000.000.000.000.000.000.000.0 00.000.000.000.000.000.000.000.000.000.000.000.000. 000.000.000.000.000.000.000.000.000.000.000.000.000 .000.000.000.000.000.000.000.000.000.000.

El número estimado de electrones en el universo es de alrededor de 1079. Debería entonces ser completamente evidente que Jesús llevó a cabo estas profecías no por una simple casualidad[2]."

Por otro lado, la profecía cumplida es una fuerte evidencia de que Dios es el autor de la Biblia. Cuando Usted observa las probabilidades matemáticas de la profecía que han sido cumplidas, encuentra rápidamente que existe un diseño, un propósito y una mano que guía la Biblia.

Si una de las profecías falla, entonces declararíamos que Dios no es el Dios verdadero, ya que se supone que el creador de todas las cosas, incluyendo el tiempo, no se equivocaría en predecir el futuro.

Deuteronomio 18:22 dice: "Si lo que un profeta proclama en el nombre del SEÑOR no se lleva a cabo o no se convierte en realidad, ése es un mensaje que no ha sido dicho por el SEÑOR. Ese profeta ha hablado atrevidamente" (NVI).

Isaías 46:9-10 dice: "Acordaos de las cosas pasadas desde los tiempo antiguos; porque yo soy Dios, y no hay otro Dios, y nada hay semejante a mí que anuncio lo por venir desde el principio, y desde la antigüedad lo que aún no era hecho; que digo: Mi consejo permanecerá, y haré todo lo que quiero".

Profecía 1

Repartieron entre sí mis vestidos, Y sobre mi ropa echaron suertes. Salmos 22:18

Cumplimiento

Entonces dijeron entre sí: No la partamos, sino echemos suertes sobre ella, a ver de quién será. Esto fue para que se cumpliese la Escritura, que dice: Repartieron entre sí mis vestidos, Y sobre mi ropa echaron suertes. Y así lo hicieron los soldados. Juan 19:24

Lo que sucedió con sus vestidos había sido profetizado que iba a suceder. Y así se cumplió la profecía de la suerte que había sido echada sobre sus vestidos.

Esta es una de instancias en que explicitamente el escritor hace referencia directa a la escritura que se está cumpliendo, en este caso usando la frase "para que se cumpliese la Escritura" lo cual nos reafirma más allá de la duda que la profecía se acaba de cumplir.

Profecía 2

*Todos los que me ven me escarnecen; Estiran la boca,
menean la cabeza, diciendo: Se encomendó a Jehová;
líbrele él; Sálvele, puesto que en él se complacía.*

Salmos 22:7-8

Cumplimiento

*Y el pueblo estaba mirando; y aun los gobernantes se
burlaban de él, diciendo: A otros salvó; sálvese a sí
mismo. Lucas 23:35*

Como Jesús fue burlado.

Aún cuando se burlaron de Jesús se estaba cumpliendo una
profecía mesiánica. Y este es uno de los muchos padecimientos
que el Señor sufrió en nuestro lugar; padecimientos que
específicamente se cumplieron uno por uno de lo cual veremos
más en la profecías cumplidas que siguen.

Este es el cumplimiento de la profecía número dos que
encontramos en los Salmos.

Profecía 3

*Cansado estoy de llamar; mi garganta se ha
enronquecido; Han desfallecido mis ojos esperando a
mi Dios. Salmo 69:3*

Cumplimiento

*Después de esto, sabiendo Jesús que ya todo estaba
consumado, dijo, para que la Escritura se cumpliese:*

Tengo sed. Juan 19:28

"Tengo sed" Las cosas que parecen más sencillas... se estaba cumpliendo una profecía, la que dijo el salmista en el Salmo 69.

Aquí Juan afirma el cumplimiento de la profecía con las palabras: "para que la Escritura se cumpliese".

Profecía 4

> *Me pusieron además hiel por comida, Y en mi sed me dieron a beber vinagre. Salmos 69:21*

Cumplimiento

> *Y estaba allí una vasija llena de vinagre; entonces ellos empaparon en vinagre una esponja, y poniéndola en un hisopo, se la acercaron a la boca. Juan 19:29*

Ahí se cumplió la profecía del Salmo 69 en cuanto al vinagre.

Otra vez vemos un detalle muy específico. Y no puede haber coincidencias, pues el líquido mencionado por el salmista es vinagre (no es agua, tampoco es vino).

Profecía 5

> *Porque perros me han rodeado; Me ha cercado cuadrilla de malignos; Horadaron mis manos y mis pies. Salmos 22:16*

Cumplimiento

> *Luego dijo a Tomás: Pon aquí tu dedo, y mira mis*

manos; y acerca tu mano, y métela en mi costado; y no
seas incrédulo, sino creyente. Juan 20:27

Ahí está la prueba de que sus manos y sus pies fueron
horadados.

Tomás es llevado al punto donde no puede quedar ninguna
duda de que Jesús es aquel que había mencionado el salmista.
Y la lectura de los salmos era una práctica común no solo
a Tomás, sino a cualquiera de los otros Apóstoles puesto que
todos eran judíos.

Profecía 6

Y derramaré sobre la casa de David, y sobre los
moradores de Jerusalén, espíritu de gracia y de
oración; y mirarán a mí, a quien traspasaron, y
llorarán como se llora por hijo unigénito, afligiéndose
por él como quien se aflige por el primogénito.
Zacarías 12:10

Cumplimiento

Pero uno de los soldados le abrió el costado con una
lanza, y al instante salió sangre y agua. Juan 19:34

Zacarías dijo específicamente "a quien traspasaron" en su
profecía. En el momento en que los soldados abrieron su
costado con una lanza, se cumplieron las palabras de Zacarías.
Ahí se cumplió la profecía de que el Señor fue traspasado.

Profecía 7

Oh Dios de mi alabanza, no calles; Porque boca de
impío y boca de engañador se han abierto contra
mí; Han hablado de mí con lengua mentirosa.
Salmos 109:1-2

Cumplimiento

Y Jesús decía: Padre, perdónalos, porque no saben lo
que hacen. Y repartieron entre sí sus vestidos, echando
suertes. Lucas 23:34

Esta profecía habla de como Jesús oró por sus enemigos.
Padre perdónalos que no saben lo que hacen.

Profecía 8

Mis amigos y mis compañeros se mantienen lejos de
mi plaga. Y mis cercanos se han alejado. Salmos 38:11

Cumplimiento

Pero todos sus conocidos, y las mujeres que le habían
seguido desde Galilea, estaban lejos mirando estas
cosas. Lucas 23:49

Quiere decir que había una distancia entre ellos y Jesús.
Cuando estas cosas empezaron a pasar ya habían sido
profetizadas, y ese es el cumplimiento de la profecía mesiánica.

Profecía 9

Yo he sido para ellos objeto de oprobio; Me miraban, y burlándose meneaban su cabeza. Salmos 109:25

Cumplimiento

Y los que pasaban le injuriaban, meneando la cabeza. Mateo 27:39

Quiere decir que el gesto de menear la cabeza de esta gente que pasaba había sido profetizado.

Ahí hay otra profecía cumplida.

Profecía 10

Se encomendó a Jehová; líbrele él; Sálvele, puesto que en él se complacía. Salmos 22:8

Cumplimiento

Confió en Dios; líbrele ahora si le quiere; porque ha dicho: Soy Hijo de Dios. Mateo 27:43

Se burlaron pero Dios les libró y exaltándoles las mismas palabras que vimos en el Salmo.

Ahora lo vemos en el cumplimiento.

Profecía 11

Angustiado él, y afligido, no abrió su boca; como cordero fue llevado al matadero; y como oveja delante de sus trasquiladores, enmudeció, y no abrió su boca. Isaías 53:7

Cumplimiento

El siguiente día vio Juan a Jesús que venía a él, y dijo:
He aquí el Cordero de Dios, que quita el pecado del
mundo. Juan 1:29

Ahí vemos el cumplimiento. Es el Cordero que quita el pecado del mundo, y eso fue profetizado por Isaías.

Esta es una profecía que trasciende en importancia, pues estaba directamente indicando que el problema del pecado iba a ser resuelto de una vez y por todas.

Profecía 12

Mas él herido fue por nuestras rebeliones, molido
por nuestros pecados; el castigo de nuestra paz fue
sobre él, ...mas Jehová cargó en él el pecado de todos
nosotros. Isaías 53:5-6

Cumplimiento

Porque Cristo, cuando aún éramos débiles, a su
tiempo murió por los impíos. Ciertamente, apenas
morirá alguno por un justo; con todo, pudiera ser que
alguno osara morir por el bueno. Mas Dios muestra su
amor para con nosotros, en que siendo aún pecadores,
Cristo murió por nosotros. Romanos 5:6-8

Ahí el cumplimiento de la profecía.

El precio más alto habría de ser pagado por un cordero

sin mancha. El perfecto sacrificio de Cristo en la cruz fue suficiente para satisfacer la demanda del pecado. Su sacrificio fue agradable al Padre y al Cristo tomar nuestro lugar nosotros fuimos libres y sanos de la condenación y juicio que habíamos heredado del primer Adán.

Profecía 13

El guarda todos sus huesos; Ni uno de ellos será quebrantado. Salmos 34:20

Cumplimiento

Vinieron, pues, los soldados, y quebraron las piernas al primero, y asimismo al otro que había sido crucificado con él. Mas cuando llegaron a Jesús, como le vieron ya muerto, no le quebraron las piernas. Pero uno de los soldados le abrió el costado con una lanza, y al instante salió sangre y agua. Juan 19:32-34

Nos damos cuenta que sus huesos no fueron quebrados. Esto nos da una exactitud en los detalles del cumplimiento de esta profecía. A los otros dos que estaban crucificados a ambos lados sí les quebraron las piernas, pero no a Jesús.

Así fue dicho en la profecía.

Profecía 14

Por tanto, yo le daré parte con los grandes, y con los fuertes repartirá despojos; por cuanto derramó su vida hasta la muerte, y fue contado con los pecadores, habiendo él llevado el pecado de muchos, y orado por los transgresores. Isaías 53:12

Cumplimiento

Crucificaron también con él a dos ladrones, uno a su derecha, y el otro a su izquierda. Y se cumplió la Escritura que dice: Y fue contado con los inicuos. Marcos 15:27-28

Así se cumplió donde dice "y fue contado con los inicuos".

No solamente fue crucificado con dos malhechores, también fue maltratado como si él fuera un malhechor, compartiendo aun ese mal gusto y ofensa.

Profecía 15

Dios mío, Dios mío, ¿por qué me has desamparado? Salmos 22:1

Cumplimiento

Cerca de la hora novena, Jesús clamó a gran voz, diciendo: Elí, Elí, ¿lama sabactani? Esto es: Dios mío, Dios mío, ¿por qué me has desamparado? Mateo 27:46

Jesús sufrió todo sentimiento de abandono, el sentimiento de total separación de Dios. Tal sentimiento estaba separado para nosotros, pero él lo sufrió en nuestro lugar.

Ahí se cumplió la profecía.

Profecía 16

En tu mano encomiendo mi espíritu; Tú me has redimido, oh Jehová, Dios de verdad. Salmos 31:5

Cumplimiento

Entonces Jesús, clamando a gran voz, dijo: Padre, en tus manos encomiendo mi espíritu. Y habiendo dicho esto, expiró. Lucas 23:46

Este es un cumplimiento totalmente literal y sin necesidad de figuras. Palabra por palabra, tal como lo había dicho el salmista.

Profecía 17

He sido derramado como aguas, Y todos mis huesos se descoyuntaron; Mi corazón fue como cera, Derritiéndose en medio de mis entrañas. Como un tiesto se secó mi vigor, Y mi lengua se pegó a mi paladar, Y me has puesto en el polvo de la muerte. Salmos 22:14-15

Cumplimiento

Pilato se sorprendió de que ya hubiese muerto; y haciendo venir al centurión, le preguntó si ya estaba muerto. E informado por el centurión, dio el cuerpo a José. Marcos 15:44-45

Ahí está el cumplimiento de la profecía. Jesús murió, así había aparecido. ¡Que tremendo! Cuando fue profetizado que sus huesos no iban a ser quebrados, se cumplió y cuando fue profetizado que iba a ser descoyuntado, se descoyuntó, pero no fueron quebrados sus huesos. Ahí vemos la exactitud de los profetas.

Profecía 18

Acontecerá en aquel día, dice Jehová el Señor, que haré que se ponga el sol a mediodía, y cubriré de tinieblas la tierra en el día claro. Amós 8:9

Cumplimiento

Y desde la hora sexta hubo tinieblas sobre toda la tierra hasta la hora novena. Mateo 27:45

A este fenomeno es a lo que llamamos eclipse. La muerte de Jesús, literalmente sacudió los simientos de la creación. Cielo y tierra fueron conmovidos.

Ahí está el cumplimiento de la profecía.

Profecía 19

Y se dispuso con los impíos su sepultura, mas con los ricos fue en su muerte; aunque nunca hizo maldad, ni hubo engaño en su boca. Isaías 53:9

Cumplimiento

Cuando llegó la noche, vino un hombre rico de Arimatea, llamado José, que también había sido discípulo de Jesús. Este fue a Pilato y pidió el cuerpo de Jesús. Entonces Pilato mandó que se le diese el

cuerpo. Y tomando José el cuerpo, lo envolvió en una
sábana limpia, y lo puso en su sepulcro nuevo, que
había labrado en la peña; y después de hacer rodar
una gran piedra a la entrada del sepulcro, se fue.
Mateo 27:57-60

Ahí está el cumplimiento de la profecía, no solamente que
fue sepultado en una tumba prestada que no era de él, sino
que fue con una persona rica. Fue con los ricos en su muerte
y ahí hay cumplimiento de profecía también. "Gloria a Dios".

Profecía 20

La diestra de Jehová es sublime; La diestra de Jehová
hace valentías. No moriré, sino que viviré, Y contaré
las obras de JAH. Salmos 118:16-17

Cumplimiento

Mas él les dijo: No os asustéis; buscáis a Jesús
nazareno, el que fue crucificado; ha resucitado, no
está aquí; mirad el lugar en donde le pusieron. Pero
id, decid a sus discípulos, y a Pedro, que él va delante
de vosotros a Galilea; allí le veréis, como os dijo.
Marcos 16:6-7

"No moriré sino que viviré" es otra profecía cumplida. Murió
y regresó a la vida.

Profecía 21

*Lo dilatado de su imperio y la paz no tendrán límite,
sobre el trono de David y sobre su reino, disponiéndolo
y confirmándolo en juicio y en justicia desde ahora y
para siempre. El celo de Jehová de los ejércitos hará
esto. Isaías 9:7*

Cumplimiento

*Este será grande, y será llamado Hijo del Altísimo;
y el Señor Dios le dará el trono de David su padre;
y reinará sobre la casa de Jacob para siempre, y su
reino no tendrá fin. Lucas 1:32-33*

La fuerza y firmeza de su reinado, de la manera en que había sido profetizado mucho tiempo antes. Ahí está el cumplimiento de esa profecía.

Profecía 22

*Por tanto, el Señor mismo os dará señal: He aquí que
la virgen concebirá, y dará a luz un hijo, y llamará su
nombre Emanuel. Isaías 7:14*

Cumplimiento

*Al sexto mes el ángel Gabriel fue enviado por Dios a
una ciudad de Galilea, llamada Nazaret, a una virgen
desposada con un varón que se llamaba José, de la
casa de David; y el nombre de la virgen era María.
Lucas 1:26-27*

Ahí está el cumplimiento. Dios escogió una virgen para que el Mesías naciera, fue anunciado en Isaías y ahora lo vemos cumplido en el libro histórico de Lucas.

Profecía 23

Pero tú, Belén Efrata, pequeña para estar entre las familias de Judá, de ti me saldrá el que será Señor en Israel; y sus salidas son desde el principio, desde los días de la eternidad. Miqueas 5:2

Cumplimiento

Cuando Jesús nació en Belén de Judea en días del rey Herodes, vinieron del oriente a Jerusalén unos magos. Mateo 2:1

Es decir, que el Señor nació en Belén de Judea, esa es la ciudad escogida y ahí fue donde dijo la profecía que iba a suceder. Y así sucedió.

Profecía 24

Cuando Israel era muchacho, yo lo amé, y de Egipto llamé a mi hijo. Oseas 11:1

Cumplimiento

Y él, despertando, tomó de noche al niño y a su madre, y se fue a Egipto, y estuvo allá hasta la muerte de Herodes; para que se cumpliese lo que dijo el Señor por medio del profeta, cuando dijo: De Egipto llamé a mi Hijo. Mateo 2:14-15

Aquí Mateo señala directamente y confirma el cumplimiento de lo que había dicho el profeta Oseas. Es decir, explícitamente la misma escritura confirma su cumplimiento. Ese es el cumplimiento de la profecía.

Profecía 25

Y reposará sobre él el Espíritu de Jehová; espíritu de sabiduría y de inteligencia, espíritu de consejo y de poder, espíritu de conocimiento y de temor de Jehová. Isaías 11:2

Cumplimiento

Y Jesús, después que fue bautizado, subió luego del agua; y he aquí los cielos le fueron abiertos, y vio al Espíritu de Dios que descendía como paloma, y venía sobre él. Mateo 3:16

El Espíritu del Padre reposa sobre Jesüs sin medida. Todo lo que es el Padre está en él. Toda la plenitud de la deidad.

Ahí está el Espíritu reposando sobre El Señor, y está la profecía cumplida.

Profecía 26

He aquí mi siervo, yo le sostendré; mi escogido, en quien mi alma tiene contentamiento; he puesto sobre él mi Espíritu; él traerá justicia a las naciones. Isaías 42:1

Cumplimiento

He aquí mi siervo, a quien he escogido; Mi Amado, en quien se agrada mi alma; Pondré mi Espíritu sobre él, Y a los gentiles anunciará juicio. Mateo 12:18

Que tremenda revelación. Ya estaba profetizado desde antes que El Evangelio habría de llegar a los gentiles. Ahí está el cumplimiento.

Profecía 27

El Espíritu de Jehová el Señor está sobre mí, porque me ungió Jehová; me ha enviado a predicar buenas nuevas a los abatidos, a vendar a los quebrantados de corazón, a publicar libertad a los cautivos, y a los presos apertura de la cárcel. Isaías 61:1

Cumplimiento

El Espíritu del Señor está sobre mí, Por cuanto me ha ungido para dar buenas nuevas a los pobres; Me ha enviado a sanar a los quebrantados de corazón; A pregonar libertad a los cautivos, Y vista a los ciegos; A poner en libertad a los oprimidos. Lucas 4:18

Otra vez, el Señor nos confirma palabra por palabra el cumplimiento de la profecía, y no solo eso... más adelante en el texto nos dice claramente que esta profecía se ha cumplido.

"Y enrollando el libro, lo dio al ministro, y se sentó; y los ojos de todos en la sinagoga estaban fijos en él. Y comenzó a decirles: Hoy se ha cumplido esta Escritura delante de vosotros. Lucas 4:20-21"

Ahí está el cumplimiento de esa profecía

Profecía 28

Como pastor apacentará su rebaño; en su brazo llevará los corderos, y en su seno los llevará; pastoreará suavemente a las recién paridas. Isaías 40:11

Cumplimiento

Mas el que entra por la puerta, el pastor de las ovejas es. A éste abre el portero, y las ovejas oyen su voz; y a sus ovejas llama por nombre, y las saca. Y cuando ha sacado fuera todas las propias, va delante de ellas; y las ovejas le siguen, porque conocen su voz. Juan 10:2-4

Isaias nos había presentado al Mesías como Pastor. No solamente eso... el Profeta nos da detalles en cuanto al cuidado que Jesús tendría con sus ovejas. Esto es un cuadro completo del carácter de nuestro Cristo.

Ese es el cumplimiento.

Profecía 29

¿Quién hizo y realizó esto? ¿Quién llama las generaciones desde el principio? Yo Jehová, el primero, y yo mismo con los postreros. Isaías 41:4

Cumplimiento

Yo soy el Alfa y la Omega, el primero y el último, Apocalipsis 1:11

Esta profecía tiene que ver directamente con la eternidad de Jesús, y a la misma vez una prueba más de su deidad. Aquí había sido cumplida la profecía de Isaías.

Profecía 30

Alégrate mucho, hija de Sion; da voces de júbilo, hija de Jerusalén; he aquí tu rey vendrá a ti, justo y salvador, humilde, y cabalgando sobre un asno, sobre un pollino hijo de asna. Zacarías 9:9

Cumplimiento

Tomaron ramas de palmera y salieron a recibirle, y clamaban: ¡Hosanna! ¡Bendito el que viene en el nombre del Señor, el Rey de Israel! Y halló Jesús un asnillo, y montó sobre él, como está escrito... Juan 12:13-14

En esta profecía fue dicho que iba a venir montado sobre un asno y así se cumplió lo cual revela el caracter humilde (pues un asno es un animal de carga) y a la vez el caracter de Rey, pues de acuerdo a la costumbre antigua, los reyes entraban a sus cortes cabalgando sobre asnos.

Profecía 31

Aun el hombre de mi paz, en quien yo confiaba, el que de mi pan comía, Alzó contra mí el calcañar.

Salmos 41:9

Cumplimiento

Respondió Jesús: A quien yo diere el pan mojado, aquél es. Y mojando el pan, lo dio a Judas Iscariote hijo de Simón. Juan 13:26

Ahí está cumplida la profecía, éste es el que lo iba a traicionar. La frase "el que de mi pan comía" indica lo cerca que estaba de él quien lo iba a traicionar... en este caso Judas Iscariote.

Profecía 32

Levántate, oh espada, contra el pastor, y contra el hombre compañero mío, dice Jehová de los ejércitos. Hiere al pastor, y serán dispersadas las ovejas; y haré volver mi mano contra los pequeñitos. Zacarías 13:7

Cumplimiento

Entonces todos los discípulos, dejándole, huyeron. Marcos 14:50

Jesús sufrió extremamente el abandono de todos. Todos le dejaron. Ahí está. Hirieron al pastor y las ovejas fueron dispersadas.

Profecía 33

Y les dije: Si os parece bien, dadme mi salario; y si no, dejadlo. Y pesaron por mi salario treinta piezas de plata. Zacarías 11:12

Cumplimiento

Entonces uno de los doce, que se llamaba Judas Iscariote, fue a los principales sacerdotes, y les dijo: ¿Qué me queréis dar, y yo os lo entregaré? Y ellos le asignaron treinta piezas de plata. Mateo 26:14-15

Esta es la exactitud profética con que habló Zacarías. Exactamente el precio de la traición (treinta piezas de plata) indica que no hay error en las palabras de los profetas aun en las cosas más insignificantes. Ahí está el cumplimiento de la profecía.

Profecía 34

Y me dijo Jehová: Echalo al tesoro; ¡hermoso precio con que me han apreciado! Y tomé las treinta piezas de plata, y las eché en la casa de Jehová al tesoro. Zacarías 11:13

Cumplimiento

Yo he pecado entregando sangre inocente. Mas ellos dijeron: ¿Qué nos importa a nosotros? ¡Allá tú! Y arrojando las piezas de plata en el templo, salió, y fue

y se ahorcó. Mateo 27:4-5

El profeta Zacarías nos había dicho aun donde iba a parar el dinero de la traición. Zacarías profetiza: *"las eché en la casa de Jehová"* y Mateo nos dice: *"arrojando las piezas de plata en el templo"*. Esto nos dice exactamente donde terminó el dinero que le fue pagado a Judas por entregar el Señor... el dinero terminó en el tesoro del Templo. Ahí se cumplió la profecía.

Profecía 35

Jehová el Señor me abrió el oído, y yo no fui rebelde, ni me volví atrás. Di mi cuerpo a los heridores, y mis mejillas a los que me mesaban la barba; no escondí mi rostro de injurias y de esputos. Isaías 50:5-6

Cumplimiento

Entonces les soltó a Barrabás; y habiendo azotado a Jesús, le entregó para ser crucificado. Entonces los soldados del gobernador llevaron a Jesús al pretorio, y reunieron alrededor de él a toda la compañía; y desnudándole, le echaron encima un manto de escarlata, y pusieron sobre su cabeza una corona tejida de espinas, y una caña en su mano derecha; e hincando la rodilla delante de él, le escarnecían, diciendo: ¡Salve, Rey de los judíos! Y escupiéndole, tomaban la caña y le golpeaban en la cabeza. Mateo 27:26-30

"Mi cuerpo a los heridores" son las palabras del profeta Isaías para expresar al profetizar como sería la muerte del Mesías. Mateo nos da en detalles el cumplimiento exacto de esa profecía.

Profecía 36

Como se asombraron de ti muchos, de tal manera fue desfigurado de los hombres su parecer, y su hermosura más que la de los hijos de los hombres. Isaías 52:14

Cumplimiento

Entonces los soldados le llevaron dentro del atrio, esto es, al pretorio, y convocaron a toda la compañía. Y le vistieron de púrpura, y poniéndole una corona tejida de espinas, comenzaron luego a saludarle: ¡Salve, Rey de los judíos! Y le golpeaban en la cabeza con una caña, y le escupían, y puestos de rodillas le hacían reverencias. Después de haberle escarnecido, le desnudaron la púrpura, y le pusieron sus propios vestidos, y le sacaron para crucificarle. Marcos 15:16-20

Isaias nos dice: "fue desfigurado de los hombres su parecer" y Marcos nos revela como es que fue desfigurado cuando dice: *"Y le golpeaban en la cabeza con una caña".*

Ese es el cumplimiento en detalles de esa profecía.

Profecía 37

> Se han aumentado más que los cabellos de mi cabeza los que me aborrecen sin causa; Se han hecho poderosos mis enemigos, los que me destruyen sin tener por qué. ¿Y he de pagar lo que no robé? Salmos 69:4

Cumplimiento

> Si yo no hubiese hecho entre ellos obras que ningún otro ha hecho, no tendrían pecado; pero ahora han visto y han aborrecido a mí y a mi Padre. Pero esto es para que se cumpla la palabra que está escrita en su ley: Sin causa me aborrecieron. Juan 15:24-25

Aquí, el Señor mismo hace referencia directa al Salmo y nos dice: "esto es para que se cumpla la palabra que está escrita"... o sea, él mismo nos dice que este es el cumplimiento de la profecía.

Profecía 38

> Se levantan testigos malvados; De lo que no sé me preguntan. Salmos 35:11

Cumplimiento

> Porque muchos decían falso testimonio contra él, mas sus testimonios no concordaban. Marcos 14:56

Ahí está la profecía de los falsos testimonios contra Jesús en todo su cumplimiento. Aun el proceso de entregarle para ser crucificado fue profetizado en detalles por sus santos siervos los profetas.

Profecía 39

Angustiado él, y afligido, no abrió su boca; como cordero fue llevado al matadero; y como oveja delante de sus trasquiladores, enmudeció, y no abrió su boca. Isaías 53:7

Cumplimiento

Pilato entonces le dijo: ¿No oyes cuántas cosas testifican contra ti? Pero Jesús no le respondió ni una palabra; de tal manera que el gobernador se maravillaba mucho. Mateo 27:13-14

Posiblemente esta es una de las profecías que más claro describen el caracter de Jesús y su mansedumbre al someterse a la voluntad del Padre. Isaias dice: *"enmudeció, y no abrió su boca"* y Mateo nos dice: *"Pero Jesús no le respondió ni una palabra".* No abrió su boca. No se quejó. Se entregó al castigo y lo hizo en nuestro lugar.

Profecía 40

Porque yo derramaré aguas sobre el sequedal, y ríos sobre la tierra árida; mi Espíritu derramaré sobre tu generación, y mi bendición sobre tus renuevos; y brotarán entre hierba, como sauces junto a las riberas de las aguas. Isaías 44:3

Cumplimiento

> *Entonces Jesús les dijo otra vez: Paz a vosotros. Como me envió el Padre, así también yo os envío. Y habiendo dicho esto, sopló, y les dijo: Recibid el Espíritu Santo. A quienes remitiereis los pecados, les son remitidos; y a quienes se los retuviereis, les son retenidos. Juan 20:21-23*

El Espíritu Santo es dado a los creyentes. Esa profecía fue dada, la vemos en Isaías y aquí la vemos cumplida. El Señor encomienda a los discípulos, los envía a predicar, y luego les da el Espíritu Santo.

Profecía 41

> *Y pondré enemistad entre ti y la mujer, y entre tu simiente y la simiente suya; ésta te herirá en la cabeza, y tú le herirás en el calcañar. Génesis 3:15:*

Cumplimiento

> *Y pensando él en esto, he aquí un ángel del Señor le apareció en sueños y le dijo: 'José, hijo de David, no temas recibir a María tu mujer, porque lo que en ella es engendrado, del Espíritu Santo es'. Mateo 1:20*

Nacido de la Semilla de la Mujer... con exactitud la profecía nos dice que el mesías habría de nacer de una mujer.

Profecía 42

Por tanto, el Señor mismo os dará señal: He aquí que la virgen concebirá, y dará a luz un hijo, y llamará su nombre Emmanuel. Isaías 7:14

Cumplimiento

El nacimiento de Jesucristo fue así: 'Estando desposada María su madre con José,...se halló que había concebido del Espíritu Santo...Pero no la conoció hasta que dio a luz a su hijo primogénito; y le puso por nombre JESÚS'. Mateo 1:18,25

El salvador es nacido de una Virgen.

Profecía 43

Yo publicaré el decreto; Jehová me ha dicho: 'Mi hijo eres tú; Yo te engendré hoy'. Salmo 2:7

Cumplimiento

Y Jesús, después que fue bautizado, subió luego del agua; y he aquí los cielos fueron abiertos, y vio al Espíritu de Dios que descendía como paloma, y venía sobre él. Mateo 3:16

Jesús es el Hijo de Dios.

Profecía 44

Y a través de tu simiente todas las naciones sobre la tierra serán bendecidas, porque me has obedecido.

Génesis 22:18

Cumplimiento

Libro de la genealogía de Jesucristo, hijo de David, hijo de Abraham. Mateo 1:1

Jesús es *"Semilla de Abraham"*, descendiente directo de acuerdo a su genealogía.

Profecía 45

Entonces dijo Dios a Abraham: 'No te parezca grave a causa del muchacho y de tu sierva; en todo lo que te dijere Sara, oye su voz, porque en Isaac te será llamada descendencia'. Génesis 21:12

Cumplimiento

Jesús mismo al comenzar su ministerio era como de treinta años, hijo, según se creía, de José, hijo de Elí, hijo de Matat, hijo de Leví, hijo de Melqui, hijo de Jana, hijo de José... Lucas 3:23,34

El mesías es Hijo de Isaac, y esto refuerza la profecía anterior.

Profecía 46

He aquí que vienen días, dice Jehová, en que levantaré
a David renuevo justo, y reinará como Rey, el cual
será dichoso, y hará juicio y justicia en la tierra.
Jeremías 23:5

Cumplimiento

Jesús mismo al comenzar su ministerio era como de
treinta años,...hijo de Melea, hijo de Mainán,...hijo de
David, hijo de Isaí, hijo de Obed... Lucas 3:23,31,32

De la Casa de David. Esto cumple todas las referencias
proféticas en cuanto a la continuidad del reino de David, tipo
de un reinado eterno.

Profecía 47

Pero tú, Belén Efrata, pequeña para estar entre las
familias de Judá, de ti me saldrá el que será Señor en
Israel; y sus salidas son desde el principio, desde los
días de la eternidad. Miqueas 5:2

Cumplimiento

Cuando Jesús nació en Belén Judea en días del rey
Herodes, vinieron del oriente a Jerusalén unos magos.
Mateo 2:1

Nacido en Belén. De todos los lugares, pueblos y ciudades, la
profecía dice exactamente donde nacería el Mesías.

Profecía 48

Profeta les levantaré de en medio de sus hermanos, como tú; y pondré mis palabras en su boca, y les hablará todo lo que yo le mandare. Deuteronomio 18:18

Cumplimiento

Y la gente decía: 'Este es Jesús el profeta, de Nazaret de Galilea'. Mateo 21:11

El Mesías en el oficio de Profeta: El ministerio y oficio profético de Jesús es entregado con exactitud.

Profecía 49

Juró Jehová, y no se arrepentirá: 'Tú eres sacerdote para siempre Según el orden de Melquisedec.' Salmo 110:4

Cumplimiento

Por tanto, hermanos santos, participantes del llamamiento celestial, considerad al apóstol y sumo sacerdote de nuestra profesión, Cristo Jesús Hebreos 3:1

Así tampoco Cristo se glorificó a sí mismo haciéndose sumo sacerdote, sino el que le dijo: 'Tú eres mi hijo, Yo te he engendrado hoy'. Como también dice en otro lugar: 'Tú eres sacerdote para siempre Según el orden de Melquisedec'. Hebreos 5:5-6

Será un Sacerdote: El sacerdocio eterno de Cristo fue profetizado.

Profecía 50

Pero yo he puesto mi rey Sobre Sion, mi santo monte.

Salmo 2:6

Cumplimiento

Y pusieron sobre su cabeza su causa escrita: 'ESTE ES JESÚS, EL REY DE LOS JUDÍOS'. Mateo 27:37

Será un Rey: El oficio de Rey también fue profetizado.

Profecía 51 Él Juzgará

Porque Jehová es nuestro juez, Jehová es nuestro legislador, Jehová es nuestro Rey; él mismo nos salvará. Isaías 33:22

Cumplimiento

No puedo yo hacer nada por mí mismo; según oigo, así juzgo; y mi juicio es justo, porque no busco mi voluntad, sino la voluntad del que me envió. Juan 5:30

El oficio de Juez de Jesús es profetizado.

Profecía 52

Voz que clama en el desierto: 'Preparad camino a Jehová; enderezad calzada en la soledad a nuestro Dios'. Isaías 40:3

Cumplimiento

En aquellos días vino Juan el Bautista predicando en el desierto de Judea, y diciendo: 'Arrepentíos, porque el reino de los cielos se ha acercado'. Mateo 3:1-2

Él fue precedido por un Mensajero.

Profecía 53

Despreciado y desechado entre los hombres, varón de dolores, experimentado en quebranto; y como que escondimos de él el rostro, fue menospreciado, y no lo estimamos. Isaías 53:3

Cumplimiento

Por que ni aún sus hermanos creían en él. Juan 7:5

¿Acaso ha creído en Él algunos de los gobernantes o de los fariseos? Juan 7:48

Jesús fue rechazado por su propio pueblo

Profecía 55

Dios mío, Dios mío, ¿porqué me has desamparado?...
¿Por qué estás tan lejos de mi salvación, y de las
palabras de mi clamor? Me han rodeado muchos
toros; Fuertes toros de Basán me han cercado. Porque
perros me han rodeado; Me ha cercado cuadrilla de
malignos; Horadaron mis manos y mis pies. Contar
puedo todos mis huesos; Entre tanto ellos me miran y
me observan. Repartieron entre sí mis vestidos y sobre
mi ropa echaron suertes. Salmo 22:1, Salmo 22:11-18

Cumplimiento

Y cuando llegaron al lugar llamado de la Calavera, le
crucificaron allí, y a los malhechores, uno a la derecha
y otro a la izquierda. Lucas 23:33

Mas cuando llegaron a Jesús, como le vieron ya
muerto, no le quebraron las piernas. Juan 19:33

Cuando los soldados hubieron crucificado a Jesús,
tomaron sus vestidos, e hicieron cuatro partes, una para
cada soldado. Tomaron también su túnica, la cual era
sin costura, de un solo tejido de arriba abajo. Entonces
dijeron entre sí: 'No la partamos, sino echemos suertes
sobre ella, a ver de quién será.' Esto fue para que se
cumpliese la Escritura, que dice: 'Repartieron entre
sí mis vestidos, Y sobre mi ropa echaron suertes.'

Juan 19:23-24

La Crucifixión: La más importante de todas las profecías. El Señor da su vida por nosotros.

PARTE 2 PROFECÍAS NO CUMPLIDAS

2 LAS 4 PROFECÍAS BÁSICAS QUE NO SE HAN CUMPLIDO

1- Habrá una segunda venida (Cristo viene otra vez)

2- Habrá una resurrección

3- Habrá un arrebatamiento con transformación

4- Habrá un juicio final

En realidad es muy emocionante darle rienda suelta a la imaginación y tratar de interpretar cada símbolo y figura en el libro de Apocalipsis. Y ha existido mucho material al respecto, inclusive, a Hollywood le gusta mucho el tema, de manera que por años han creado películas que traen mucha fascinación, sin embargo, ¿Tiene alguien la última palabra y la interpretación exacta en cuanto a símbolos que no están explicados?

Yo digo que es mucho más seguro mirar la profecía por medio del lente paulino, pues las cartas, lejos de manejar símbolos y figuras, nos dan en lenguaje claro y transparente columnas seguras en cuanto a profecía que todavía está por cumplirse.

1- Habrá una segunda venida (Cristo viene otra vez)

Esta es la esperanza de la Iglesia del Señor. El vendrá otra vez.

Así también Cristo fue ofrecido una sola vez para llevar los pecados de muchos; y aparecerá por segunda vez, sin relación con el pecado, para salvar a los que le esperan. Hebreos 9:28

En el momento de la Ascensión de Jesucristo al Cielo, cuando los Apóstoles y discípulos se quedaron extasiados viendo hacia donde había desaparecido el Señor entre las nubes, sucedió que dos ángeles se aparecieron para decirles:

Y habiendo dicho estas cosas, viéndolo ellos, fue alzado, y le recibió una nube que le ocultó de sus ojos. Y estando ellos con los ojos puestos en el cielo, entre tanto que él se iba, he aquí se pusieron junto a ellos dos varones con vestiduras blancas, los cuales también les dijeron: Varones galileos, ¿por qué estáis mirando al cielo? Este mismo Jesús, que ha sido tomado de vosotros al cielo, así vendrá como le habéis visto ir al cielo. Hechos 1:9-11

El anuncio de los Angeles es clarísimo y corrobora anuncios previos hechos por Jesús mismo. Al responder a Caifás en el momento de su injustísimo juicio antes de su Pasión y Muerte dijo lo siguiente:

Verán al Hijo del Hombre sentado a la derecha del

Dios Poderoso y viniendo sobre las nubes. Mt 26:64

Y ya anteriormente lo había anunciado a sus discípulos:

Entonces aparecerá la señal del Hijo del Hombre. Verán al Hijo del Hombre viniendo en las nubes del cielo, con el Poder Divino y la plenitud de la Gloria. Mandará a sus Angeles, los cuales tocarán la trompeta y reunirán a los elegidos de los cuatro puntos cardinales, de un extremo al otro del mundo. Mt 24:30-31

¿Qué veremos y qué oiremos cuando él venga?

Porque el Señor mismo con voz de mando, con voz de arcángel, y con trompeta de Dios, descenderá del cielo; y los muertos en Cristo resucitarán primero. Luego nosotros los que vivimos, los que hayamos quedado, seremos arrebatados juntamente con ellos en las nubes para recibir al Señor en el aire, y así estaremos siempre con el Señor. 1 Tesalonicenses 4:16-17

¿Cuán visible será su venida?

Porque como el relámpago que sale del oriente y se muestra hasta el occidente, así será también la venida del Hijo del Hombre. Mateo 24:27

¿Cómo será el mundo cuando Jesús venga?

Mas como en los días de Noé, así será la venida del Hijo del Hombre. Porque como en los días antes del diluvio estaban comiendo y bebiendo, casándose y

dando en casamiento, hasta el día en que Noé entró
en el arca, y no entendieron hasta que vino el diluvio y
se los llevó a todos, así será también la venida del Hijo
del Hombre. Mateo 24:37-39

2- Habrá una resurrección

La resurrección de las primicias

Pablo utiliza la analogía de las cosechas agrícolas de Israel para ilustrar aspectos importantes de la "cosecha" de la humanidad, en cierta forma, en la que la resurrección de los muertos desempeñará un papel sobresaliente. Varios aspectos de este plan están representados por ciertos festivales anuales específicos, que a su vez representan tiempos de cosecha en la antigua Israel.

Jesús es el primero de las primicias, la parte más sagrada.

Mas ahora Cristo ha resucitado de los muertos;
primicias de los que durmieron [en la muerte] es hecho.
1 Corintios 15:20

El apóstol Pablo explicó que Jesús era *"el primogénito de toda creación"*, *"el primogénito de entre los muertos"* y *"el primogénito entre muchos hermanos"* (Colosenses 1:15,18; Romanos 8:29). Es claro que otros seguirán después, a su debido tiempo.

La Biblia está hablando aquí de una resurrección a una vida eterna como seres espirituales, no simplemente de una restauración temporal a la vida en un cuerpo físico. En varios pasajes de la Biblia encontramos personas que fueron resucitadas a una vida física, antes de la resurrección de

Jesús, pero todas ellas murieron otra vez.

Sin embargo, Pablo establece una distinción importante entre éstos y la resurrección de las primicias de Dios: *"Mas nuestra ciudadanía está en los cielos, de donde también esperamos al Salvador, al Señor Jesucristo; el cual transformará el cuerpo de la humillación nuestra [el cuerpo físico, material], para que sea semejante al cuerpo de la gloria suya . . ."* (Filipenses 3:20-21; comparar con 2 Corintios 5:1-5). Todo un capítulo de la Biblia, 1 Corintios 15, habla acerca de la resurrección.

Pablo describe la naturaleza de esta resurrección de las primicias: *"Se siembra cuerpo animal [físico], resucitará cuerpo espiritual . . . Y así como hemos traído la imagen del terrenal [Adán], traeremos también la imagen del celestial [Jesucristo]. Pero esto digo, hermanos: que la carne y la sangre no pueden heredar el reino de Dios . . ."* (1 Corintios 15:44,49-50).

Veamos el texto completo.

> *He aquí, os digo un misterio: No todos dormiremos; pero todos seremos transformados, en un momento, en un abrir y cerrar de ojos, a la final trompeta; porque se tocará la trompeta, y los muertos serán resucitados incorruptibles, y nosotros seremos transformados.*
> *1 Corintios 15:51-52*

Y ya vemos en este texto la mención de los que siguen a los que ya estaban muertos, o sea, los que vivimos en el momento que el Señor regresa.

3- Habrá un arrebatamiento con transformación

Como leímos en 1 Corintios 15:51 y 52, existen un orden.

Primero, el Señor regresa, segundo, los que habían muerto en Cristo resucitan y tercero, los que estamos vivos somos transformados, sin embargo esta transformación ocurre en el momento en que somos levantados *"arrebatados"*.

Volvamos a leer 1ra de Corintios y luego lo confirmaremos con el texto paralelo en 1ra de Tesalonicenses.

He aquí, os digo un misterio: No todos dormiremos; pero todos seremos transformados, en un momento, en un abrir y cerrar de ojos, a la final trompeta; porque se tocará la trompeta, y los muertos serán resucitados incorruptibles, y nosotros seremos transformados.
1 Corintios 15:51-52

De nuevo, Pablo establece el orden muy claramente:

Por lo cual os decimos esto en palabra del Señor: que nosotros que vivimos, que habremos quedado hasta la venida del Señor, no precederemos a los que durmieron. Porque el Señor mismo con voz de mando, con voz de arcángel, y con trompeta de Dios, descenderá del cielo; y los muertos en Cristo resucitarán primero. Luego nosotros los que vivimos, los que hayamos quedado, seremos arrebatados juntamente con ellos en las nubes para recibir al Señor en el aire, y así estaremos siempre con el Señor. 1 Tes 4:15-17

Esta es nuestra esperanza y este es el orden en que está profetizado. Los que murieron en Cristo resucitarán y luego los que estamos vivos seremos arrebatados y transformados.

4- Habrá un juicio final

Y de la manera que está establecido para los hombres que mueran una sola vez, y después de esto el juicio.
Heb 9:27

Es importante señalar que aquellos que han sido redimidos por el perfecto sacrificio de Cristo en la cruz no serán presentados en el juicio final. Los que somos de Cristo NO seremos juzgados por nuestras obras, pues Cristo ya tomó nuestro lugar. (Ef 2:8)

Sin embargo todo el que no fue salvo por medio de la sangre de Cristo, tendrá que dar cuentas delante del gran trono blanco.

Porque es justo delante de Dios pagar con tribulación a los que os atribulan, y a vosotros que sois atribulados, daros reposo con nosotros, cuando se manifieste el Señor Jesús desde el cielo con los ángeles de su poder, en llama de fuego, para dar retribución a los que no conocieron a Dios, ni obedecen al evangelio de nuestro Señor Jesucristo; los cuales sufrirán pena de

*eterna perdición, excluidos de la presencia del Señor
y de la gloria de su poder, cuando venga en aquel día
para ser glorificado en sus santos y ser admirado en
todos los que creyeron (por cuanto nuestro testimonio
ha sido creído entre vosotros). 2 Tes 1:6-10*

Ahora veamos el texto apocalíptico a la luz de lo que ha dicho
Pablo en segunda de Tesalonicenses.

*...vi un gran trono blanco y al que estaba sentado en
él, de delante del cual huyeron la tierra y el cielo, y
ningún lugar se encontró para ellos. Y vi a los muertos,
grandes y pequeños, de pie ante Dios; y los libros
fueron abiertos, y otro libro fue abierto, el cual es el
libro de la vida; y fueron juzgados los muertos por las
cosas que estaban escritas en los libros, según sus
obras. Y el mar entregó los muertos que había en él;
y la muerte y el Hades entregaron los muertos que
había en ellos; y fueron juzgados cada uno según sus
obras. Y la muerte y el Hades fueron lanzados al lago
de fuego. Esta es la muerte segunda. Y el que no se
halló inscrito en el libro de la vida fue lanzado al lago
de fuego. Ap 20:11-15*

Ya hemos establecido lo que la Biblia dice en cuanto a las
profecía principales que todavía no se han cumplido.

En los capítulos que siguen vamos a investigar circunstancias
y acontecimientos que nos hablan de la proximidad al
cumplimiento de estas cuatro profecías cardinales.

3 LA COSECHA MÁS GRANDE DE LA HISTORIA

Y será predicado este evangelio del reino en todo el mundo, para testimonio a todas las naciones; y entonces vendrá el fin. Mateo 24:14

Antes de llegar al fin la Biblia promete gran cosecha (cantidad sin precedentes) de almas viniendo al conocimiento del Evangelio.

Será predicado este evangelio del reino en todo el mundo, para testimonio a todas las naciones; y entonces vendrá el fin.

Los preteristas dirán que ya el Evangelio fue predicado a todas las naciones usando el texto del mismo Pablo.

...con potencia de señales y prodigios, en el poder del Espíritu de Dios; de manera que desde Jerusalén, y por los alrededores hasta Ilírico, todo lo he llenado del evangelio de Cristo. Romanos 15:19

Y sí. Pablo llenó el mundo conquistado por el imperio romano con el Evangelio de Cristo y Cristo *"pudo"* haber regresado por segunda vez inmediatamente después que Pablo llenó el mundo con el Evangelio (algunos podrían argumentar). Yo mismo he meditado mucho sobre ese texto en años pasados, sin embargo note estos dos razonamientos:

1- Cristo no vino (por segunda vez) en ese entonces, y después de ese tiempo la población mundial explotó en crecimiento. Según fueron naciendo más personas, más tenían necesidad de oír el Evangelio. Si usted revisa la presente población mundial, hoy en día existen lugares (pueblos, aldeas) donde el Evangelio no ha llegado por primera vez. Inclusive, yo he encontrado personas dentro de ciudades grandes que nunca habían oído el Evangelio por primera vez (y existen cápsulas dentro de países desarrollados donde la subcultura es tan fuerte y aislada que muchos todavía no han escuchado el Evangelio. Quizá si han oído religión, pero no el Evangelio).

2- Pablo nunca llegó a España.

...cuando vaya a España, iré a vosotros; porque espero veros al pasar, y ser encaminado allá por vosotros, una vez que haya gozado con vosotros. Romanos 15:24

Así que, cuando haya concluido esto, y les haya entregado este fruto, pasaré entre vosotros rumbo a España. Romanos 15:28

Pablo tuvo el deseo de ir a España, pero no hay récords de que jamas haya llegado.

Sabemos que España tuvo mucha religión. De hecho, fueron los reyes católicos los que financiaron el descubrimiento y conquista del nuevo mundo (nosotros), pero religión y Evangelio no es lo mismo. Nuestros pueblos heredaron idolatría, superstición, y tradiciones religiosas junto a mucho engaño y explotación en el nombre de Dios... pero no fue hasta siglos recientes que misioneros comenzaron a llegar a las Américas.

Tiempo de Latinoamérica

Ahora es el tiempo de Latinoamérica. Hemos sido los últimos en llegar, pero hoy todo está cambiando, y en esta hora es Latinoamérica la potencia conjunta donde Dios se está moviendo y somos los latinos los que estamos experimentando el más grande crecimiento en palabra en el mundo entero.

La explosión de crecimiento y la manera en que los gobiernos en Latinoamérica se han abierto a la predicación del Evangelio en sus ciudades y provincias es un fenómeno sin precedentes. Y no solo eso. La balanza de poder aun los mercados financieros se ha inclinado a favor del sur (más sobre esto en los capítulos 6 y 7).

Nosotros en el ministerio hemos comenzado a experimentar

esto que Dios está haciendo y sabemos que estos es parte de la gran cosecha que viene antes del fin de los tiempos.

PARTE 3 DE ESPALDAS A ISRAEL

4 EL DERRUMBE DE LA MORAL JUDEO-CRISTIANA

El fin de la más antigua institución

Estados Unidos siempre basó los leyes civiles y orden moral en la sociedad en principios Judeo-Cristianos.

Yo amo a esta nación.

Estados Unidos ha sido la nación que ha enviado más misioneros a la naciones en la historia de la Iglesia.

Dios ha tenido su mano siempre sobre esta nación.

Sin embargo, en años recientes, la nación ha tomado un rumbo en dirección muy contraria a los principios que la han bendecido y favorecido por encima de todos los otros poderes terrenales.

Peligros Eminentes

Hay varios temas que anuncian este cambio de rumbo.

Los principios morales que nos engrandecieron se están derrumbando.

Nuestras cortes legalizaron el aborto[3]
- Desde 1973 se han asesinado 54,559,615 niños en los Estados Unidos[4].

1.2 millones (promedio) de niños son asesinados anualmente en los Estados Unidos[4]. Algunas fuentes lo ponen a 1.37 millones al año[5].

22% de todos los embarazos terminan en aborto en Estados Unidos[6].

Sin embargo, posiblemente el peligro más eminente es al asalto directo a derrumbar la institución más antigua y núcleo de la familia y la sociedad... me refiero al matrimonio entre un hombre y una mujer.

El matrimonio entre un hombre y una mujer

La lucha por legalizar el matrimonio entre personas del mismo sexo ha ido ganando terreno y el apoyo de políticos en ambos partidos, inclusive el apoyo público del presidente de la nación[7].

El hecho de que los padres de la nación no explicaron

específicamente la definición del matrimonio entre un hombre y una mujer (pues en su tiempo era inconcebible la posibilidad de que alguien pensara lo contrario a lo natural y establecido históricamente), es necesario que una enmienda[8] sea hecha a la constitución donde de una vez y por todas esto quede explicado de la manera en que fue la voluntad de los fundadores de la nación (los cuales eran en su mayoría cristianos).

A pesar de la guerra cultural y social que se libra al respecto, ya muchos estados de la Unión Americana han legalizado el matrimonio entre personas del mismo sexo y continúan ganando territorio. Tal es el caso de California donde a pesar que la mayoría de ciudadanos se opusieron, la corte suprema lo legalizó el 15 de Mayo del 2008 [9].

Mi predicción es: Si se destruye el concepto del matrimonio de la manera en que Dios lo instituyó, y se sustituye por otros tipos de unión ya sea el matrimonio entre dos personas del mismo sexo o la creciente popular moda de que personas vivan juntos sin estar casados... la sociedad (de la manera en que la conocemos) dejará de existir.

Una sociedad sin el matrimonio bíblico como centro de la familia con sus principios y fundamentos para la formación de hijos sanos y santos, es una sociedad sin riendas, donde todo se acepta como normal, y por el hecho que es contra-naturaleza, no puede funcionar.

¿Cuales serán las reglas de moralidad?

Al igual que la bestia que no tiene riendas, nadie la podrá controlar.

El matrimonio es una institución establecida por nuestro Creador. Después de la narración de la creación de la mujer por Dios para ser compañera del hombre, las Escrituras exponen un decreto divino: *"Por tanto, dejará el hombre a su padre y a su madre, y se unirá a su mujer, y serán una sola carne"* (Gén. 2:24).

Pero al principio de la creación, varón y hembra los hizo Dios. Por esto dejará el hombre a su padre y a su madre, y se unirá a su mujer, y los dos serán una sola carne; así que no son ya más dos, sino uno. Por tanto, lo que Dios juntó, no lo separe el hombre. Marcos 10.6–9"

¿Por qué fue instituido el matrimonio?

1. No es bueno que el hombre esté solo

Dios creó una *"ayuda idónea"* para Adán porque no era bueno que él estuviera solo (Génesis 2.18). La verdad de este planteamiento la vemos en la constitución física de cada hombre y mujer. Ellos son diferentes tanto en lo físico como también en lo emocional, y se necesitan el uno al otro para complementarse. Lo que le falta al hombre lo suple la mujer, y viceversa. Dios los creó para ocupar sus respectivos lugares. Dichoso el hombre y dichosa la mujer que reconoce esta sabia provisión del Creador, que la respeta y que obra dentro de sus límites.

2. *Para propagar el género humano*

Esto está expuesto en Génesis 1.28: *"Fructificad y multiplicaos; llenad la tierra"*. Es lo normal, y es lo natural.

3. *Para la pureza del género humano y de la sociedad*

Honroso sea en todos el matrimonio, y el lecho sin mancilla; pero a los fornicarios y a los adúlteros los juzgará Dios. Hebreos 13.4

Entre el marido y su esposa que se aman el uno al otro las relaciones sexuales son puras y honrosas. Cuando los dos cumplen los deseos del otro les fortalece en contra de la fornicación. 1 Corintios 7.1–5

4. *Para la crianza de los hijos*

Las cualidades más fuertes del padre unidas a las cualidades más tiernas de la madre sirven para criar y disciplinar a los niños. No hay nada que pueda ocupar el lugar de un hogar cristiano para criar a los hijos *"en disciplina y amonestación del Señor"*.

El matrimonio nos da la formación moral y carácter que de la familia se traduce a la sociedad.

Señal del Fin es el derrumbamiento de esa institución.

73

Cuando *"casarse y darse en casamiento"* se convierte en algo ligero y trivial, estamos a las puertas de Juicio... y sabemos que antes que venga el Juicio, el Señor regresará por su Iglesia.

Mas como en los días de Noé, así será la venida del Hijo del Hombre. Porque como en los días antes del diluvio estaban comiendo y bebiendo, casándose y dando en casamiento, hasta el día en que Noé entró en el arca... Mateo 24:37, 38

5 EL OESTE ABANDONA A DIOS Y A ISRAEL

Bendeciré a los que te bendigan, y al que te maldiga, maldeciré. Y en ti serán benditas todas las familias de la tierra. Gn.12:3

En Septiembre 20, 2012 Charles Krauthammer publicó un artículo titulado *"El Abandono de Israel"* donde advierte lo grave de la situación en cuanto al programa nuclear de Irán diciendo las siguientes palabras: *"Todo esto ha precipitado la actual crisis entre los Estados Unidos e Israel, aumentada por el rechazo del presidente a una reunión con el primer ministro en la oportunidad de su próxima visita a los Estados Unidos[10]"*

Y no es secreto que el primer ministro de Irán ha afirmado publicamente sus intenciones de *"erradicar a Israel de la faz de la tierra"*.

Dios siempre va a proteger a Israel, sin embargo, no a aquellos que le den la espalda.

La historia enseña que todos los países que han dado la espalda a Israel han terminado en gran pobreza y cosas tristes.

Esta no es la primera evidencia de una amistad que se comienza a dañar entre Estados Unidos e Israel.

En gran parte, es esfuerzo de esta administración presente por aplacar y complacer a las naciones musulmanes y el hecho de que varias de estas naciones son enemigos de Israel; pone a Estados Unidos en una posición incómoda donde se ve obligada a escoger. Y estados Unidos tiene a la vez la presión de otras naciones que favorecen a estos países en la región del medio oriente.

Irán se sigue fortaleciendo en su programa nuclear e Irán no respeta sanciones

El Director de Inteligencia Nacional declaró ante el Congreso a principios de año (2012) que las sanciones no han ejercido efecto alguno en debilitar el programa nuclear de Irán. El pasado 30 de agosto, voceros de la Agencia Internacional de Energía Atómica declararon que el programa nuclear de Irán, en vez de reducir su marcha, la ha acelerado en forma considerable. Irán ha duplicado el número de centrífugas de alta velocidad en Fordow, las instalaciones en las cercanías de Qom que han sido construidas debajo de una montaña para hacerlas impregnables a cualquier ataque aéreo[11].

Esta semana, la Agencia Internacional de Energía Atómica

informó sobre los progresos de Irán para calcular el poder explosivo de una cabeza atómica de proyectiles. Anunció de nuevo la negativa de Irán a permitir la inspección de sus instalaciones de pruebas de armas en Parchin, y citó pruebas obtenidas por los satélites de los esfuerzos iraníes para ocultar lo que está ocurriendo en ese lugar. La respuesta del gobierno de Obama es que han impuesto las sanciones más duras hasta el momento. ¿Y qué? Las sanciones no son un fin sino un medio. Y hasta ahora no han ejercido efecto alguno sobre el programa nuclear iraní [12].

Los poderes que deberían ser aliados se ponen de parte de Irán

Las más recientes negociaciones, supuestamente el último esfuerzo diplomático para superar la crisis, en Estambul, Bagdad y Moscú han terminado en un rotundo fracaso. Las potencias occidentales llegaron incluso a conceder a Irán el derecho a enriquecer uranio–haciendo trizas un consenso de diez años y seis resoluciones de las Naciones Unidas demandando el final del enriquecimiento[13].

La respuesta de Irán fue un arrogante rechazo a la propuesta. Y, ¿ por qué no? Los clérigos radicales han intimidado a Obama durante tres años durante los cuales no se ha producido una amenaza creíble por parte del único país que cuenta con el poderío para desarmarlos.

En Septiembre 2012, 120 naciones del caduco Movimiento de los No-Alineados se dieron cita en Teherán, a pesar de las súplicas del gobierno norteamericano de que no lo hicieran. Hasta el Secretario General de la ONU participó a pesar del pedido de Washington de que no fuera. Todo esto demuestra la debilidad de los Estados Unidos en este momento y la mentira sobre el supuesto aislamiento de Irán[14].

Estados Unidos amenaza a Israel en público y en privado

Sin embargo, al mismo tiempo en que el presidente ignora el peligro, amenaza a Israel en público y en privado para que no ataque el programa nuclear iraní. Sin posibilidad alguna de que su política tenga éxito, Obama insiste en la inercia israelí, a pesar de que Irán se desplaza aceleradamente hacia un momento en que Israel ya no pueda defenderse[15].

Krauthammer concluye diciendo esta frase: *"Nunca antes en sus seis décadas de existencia había sido Israel abandonado a su suerte por su aliado más cercano[16]."*

Israel bajo el autobús[17]...

La afirmación del general Martin Dempsey este jueves de que no será *"cómplice"* en un ataque israelí contra Irán, junto con la reducción drástica en la escala de los ejercicios militares del próximo mes entre EEUU e Israel revelada por el Times of Israel, equivalen en conjunto a un mensaje contundente que el presidente de EE.UU. Barack Obama le está dejando claro a Israel:

"¡Estáis vosotros solos! Mirad cómo os las arregláis sin las armas especiales de Estados Unidos y la seguridad del respaldo militar americano, entre ellos un escudo contra misiles, si queréis desafiarnos y llevar a cabo una operación militar contra Irán[17]".

"Obama, quien ha prometido en repetidas ocasiones su compromiso con la seguridad de Israel, es el primer presidente estadounidense en dejar a la deriva a Israel contra una gran amenaza a su seguridad explícitamente planteada por Irán[18]".

Dios y Jerusalén fuera de la plataforma

Las intenciones del partido en el poder fueron hechas muy claras en la convención de este año (2012) cuando toda mención de Dios fue removida de la plataforma y también se removió la afirmación de Jerusalén como capital de Israel.

Esto produjo mucho estruendo político pues a pesar de la tendencia nacional de abandonar todo lo que tenga que ver con Dios de la vida pública, todavía algunas voces se opusieron por lo que al Presidente no le quedó otro remedio que re-incluir a Dios y a Jerusalén en la plataforma. Aunque esta vez esa mención fue muy breve en comparación con la agenda que había permanecido por años.

En el paquete iba la reintroducción de la mención a Dios. Por primera vez, el Partido Demócrata había dejado de mencionar a Dios en su programa electoral. En 2004 lo había hecho en siete ocasiones. En 2008 la palabra Dios salía una sola vez. Ahora la omitía del todo, frente a las doce veces que el programa del Partido Republicano menciona a Dios[19].

¿Cual es el peligro de abandonar a Israel?

Sírvante pueblos, Y naciones se inclinen a ti; Sé señor de tus hermanos, Y se inclinen ante ti los hijos de tu madre. Malditos los que te maldijeren, Y benditos los que te bendijeren. Gn.27:29

He aquí yo pongo a Jerusalén por copa que hará temblar a todos los pueblos de alrededor,... Y en aquel día yo pondré a Jerusalén por piedra pesada a todos los pueblos; todos los que se la cargaren serán despedazados, bien que todas las naciones de la tierra se juntarán contra ella. Zac.12:2-3

¿Por qué bendecir a Israel?

Bendeciré a los que te bendigan, y al que te maldiga, maldeciré. Y en ti serán benditas todas las familias de la tierra. Gn.12:3

Reside en esta tierra y yo estaré contigo y te bendeciré, porque a ti y a tu descendencia daré todas estas tierras, y confirmaré contigo el juramento que juré a tu padre Abraham. Y multiplicaré tu descendencia como las estrellas del cielo, y daré a tu descendencia todas estas tierras; y en tu simiente serán bendecidas todas las naciones de la tierra. Gn.26:3-4

PARTE 4 TRASLADO DE PODERES

6 EL PODER DEL SUR Y LOS NUEVOS ALIADOS ECONÓMICOS DE ISRAEL

En el año 2010 comencé a notar un gran deseo de parte de empresarios de Latinoamérica, en imitar modelos económicos de Israel, especialmente en el área de la agricultura.

La manera en que los Israelitas han convertido el árido desierto en tierra fructífera y próspera es impresionante.

Lo que los latinos están aprendiendo de Israel

A primera vista su economía cuenta con pocas ventajas: no tiene recursos naturales, ni siquiera agua, y está rodeado por potencias enemigas. Sin embargo, Israel es hoy el país con la mayor densidad de start-ups per cápita en todo el mundo, y el que tiene más empresas listadas en el Nasdaq después de Estados Unidos[20].

En 2008, la inversión en capital semilla por habitante en Israel era 2,5 veces mayor que en EE.UU., 30 veces más que en

Europa y 350 veces más que en India o Brasil. Se calcula que en los últimos 20 años se crearon más de 240 fondos de capital riesgo en Israel. Con apenas 7 millones de habitantes, atrae más inversión en capital riesgo que Francia o Gran Bretaña. Gigantes mundiales como Intel o Cisco tienen hoy el corazón de sus centros de Investigación y Desarrollo en Israel[21].

Dan Senor y Saul Singer analizan lo ocurrido en ese país. Para los países latinoamericanos que buscan impulsar la innovación hay aquí algunas experiencias de gran interés.

Obviamente hay instituciones que no son replicables y experiencias que no se aclimatan a otros contextos. Sin embargo, el papel jugado por la diáspora judía en el mundo, la manera como este Estado supo y buscó deliberadamente captar inmigrantes, cómo impulsó una política industrial apalancándose en el capital de riesgo privado, son todas experiencias de las cuales los países latinos pueden aprender e inspirarse. Irlanda ya lo hizo y acaba de lanzar un programa de capital riesgo que toma como modelo la experiencia israelí[22].

Empresas aplicando modelos Israelitas

América Latina podría seguir los pasos de Israel. Según un informe próximo a publicarse (Innovalatino, de la escuela de negocios INSEAD y del Centro de Desarrollo de la OCDE), hay un vivero importante de innovación en procesos industriales y un gran caudal de creatividad empresarial en toda la región.

Basta con pensar en la innovación logística de la cementera mexicana Cemex o en la creatividad gastronómica del chef peruano Gastón Acurio[23].

Líderes Latinoamericanos con los ojos puestos en el modelo económico de Israel

México *a imitar el modelo israelí de macroeconomía*
Peña Nieto (el Presidente elegido de México) fue recibido por miembros del Comité Central de la Comunidad Judía, que preside Rafael Zaga, en el Colegio Hebreo Monte Sinaí...[24]

"Tuve la oportunidad de conocer del gran esfuerzo que este pueblo ha hecho para sortear la adversidad, los climas adversos, el desierto, y han logrado un gran desarrollo, una gran infraestructura", destacó el abanderado.

Sobre la economía de Israel, Peña Nieto dijo que le parecía importante el logro de 30 mil dólares per cápita por habitante, cuando en México es de menos de 10 mil, y que la intención de aquel Estado es llegar a los 50 mil.

"Esto nos enseña cómo la macroeconomía beneficia a los habitantes. Es lo que me propongo hacer, que el impulso al desarrollo se traduzca en beneficios para los ingresos", dijo.

"Seré un promotor de esta relación, estoy decidido a impulsarla", expresó[25].

Chile *"avanzar en cooperación económica con Israel"*

Las virtudes de un tratado de libre comercio entre Israel y Chile fue uno de los temas centrales de la visita realizada por diputados chilenos al Parlamento Israelí (Kneset), en el marco de una misión que integra además a rectores de universidades y periodistas.

Durante su encuentro en el Parlamento con diputados israelíes... la delegación chilena pudo constatar la relevancia de avanzar en materias de cooperación económica, considerando que Israel ha logrado afianzar un modelo de desarrollo productivo basado en el valor agregado de sus exportaciones, lo que le ha permitido saltar a un PIB per cápita de US $30.000.00 [26].

Guatemala *"imita modelo de seguridad israelí"*

La empresa de seguridad Golán anunció que hoy comenzará en Boca del Monte, Villa Canales, el programa Protejo mi Comunidad, que es adecuación de un modelo de seguridad israelí. El objetivo es reducir los índices de violencia y llevar a cabo un plan piloto que muestre al resto de comunidades una gestión efectiva contra la delincuencia[27].

Colombia *A un paso del TLC con Israel*

La última reunión para la firma de un Tratado de Libre Comercio entre Colombia e Israel se dio en la semana del 19 al 23 de marzo (2012), donde los Gobiernos de ambos países cerraron seis mesas de negociación para permitir a los empresarios un mejor acceso con preferencias arancelarias.

En primer lugar, el tema de acceso a mercados se consolidó luego de dos días de negociación, en los que se hicieron exposiciones sobre el panorama comercial de cada país y su estructura arancelaria [28].

Colombia también "imita modelo de seguridad israelí"
Los recursos que se invertirán en este proceso se determinarán en una mesa técnica que analizará el modelo empleado en Israel. Gryn resaltó que en Colombia ya se aplicó con éxito esta metodología. El plan consiste en un esquema de prevención acompañado con programas educativos destinados a los jóvenes en riesgo[29].

Colombia también imita modelo israelí en la industria del manejo del agua y energías limpias.

El embajador de Israel en Colombia, Yoed Magen, destaca la participación de empresas de su país en el evento y dice que es la primera vez que una delegación tan grande viene a un evento de esa naturaleza en América Latina.

Israel fue el país invitado de honor al LV Congreso de la Asociación Colombiana de Ingeniería Sanitaria y Ambiental (Acodal), que se realizó en Santa Marta del 15 al 17 de agosto (2012).

Fueron 16 empresas de los sectores de riego, tratamiento de agua y tecnologías medioambientales y fue la primera vez en la historia que vino una delegación del sector de agua de Israel a América Latina. Israel es reconocido en el mundo como el 'Silicon Valley' de las tecnologías de agua[30].

El embajador de Israel en Colombia, Rafael Eldad, habló sobre el futuro de estas aproximaciones entre empresarios de las dos naciones[31].

Costa Rica *busca en Israel modelo de seguridad para adaptarlo a sus fronteras*

Costa Rica ha puesto sus ojos en el modelo de seguridad fronteriza de Israel con el objeto de "tropicalizarlo" a su propia realidad, y para esto trabaja en proyectos de cooperación con ese país. En los últimos meses varios funcionarios costarricenses como el vicepresidente Alfio Piva y el canciller Enrique Castillo, han viajado a Israel para definir diversos proyectos de cooperación no solo en seguridad sino en otras áreas[32].

Brasil *Programa de Cooperación Brasil-Israel*

Brasil fue representado en el evento por Nelson Fujimoto, Secretario para la Innovación en el Ministerio de Desarrollo, Industria y Comercio Exterior brasileño. Según Fujimoto, los dos países han creado un Programa de Cooperación Brasil-Israel, que en dos meses recibirá la segunda convocatoria de propuestas de cooperación tecnológica centradas en biología, seguridad interior, y toda una serie de otros ámbitos.

"Israel es un país muy pequeño pero tiene un sistema de innovación muy robusto," dijo. La inversión en investigación

y desarrollo de Brasil se ha multiplicado casi por cuatro en la última década[33].

En el momento en que los aliados tradicionales de Israel comienzan a darle la espalda, Latinoamérica comienza a abrazar e imitar con admiración a esta nación. ¿Será que la bendición de Abraham se traslada al sur del nuevo mundo?

Bendeciré a los que te bendigan, y al que te maldiga, maldeciré. Gn.12:3

7 LATIN POWER: LOS NUEVOS REYES DE LA UNIÓN

En el año 2042 la población "blanca" en Estados Unidos dejará de ser mayoría en este país[34].

El aumento de la población hispana llegará a tal punto que, para 2050, la primera minoría entre los niños (39%) será hispanos, superando a los anglosajones (38%)[35].

Con esa cantidad, los hispanos pasarán a ser el 30% de la población estadounidense, de modo que de cada tres personas, una será de origen hispano[36].

En California, los hispanos eran el 32,4% de la población en 2008 y se convertirán en primera minoría (41,4%) en 2020, superando a la minoría blanca que descenderá al 37,4%. En 2042 los hispanos se convertirán en mayoría absoluta en California[37].

En 2007 California era ya la octava economía del mundo, superada por el resto de EE.UU. y otras 6 potencias[38] lo que quiere decir que en pocos años los hispanos serán la mayoría que controlará la economía más poderosa de la Unión Americana.

Estos no son los hispanos de la manera en que se conocieron en décadas pasadas. El clásico brasero con poca educación que cruzaba el río bravo en busca de una mejor vida y era forzado a tomar los trabajos que nadie quería hacer (aunque no hay ninguna vergüenza en ello).

El "nuevo latino" es aquél que se educó (algunos segunda y tercera generación), asimiló la cultura y triunfó en niveles económicos, sociales y políticos en la nación.

Hoy en día, latinos ya ocupan posiciones de poder en el congreso, el senado y aún en la rama judicial de los Estados Unidos. Sus voces pesan y como grupo, los hispanos pueden afectar elecciones, leyes y enmiendas políticas.

Los tiempos están cambiando, millones de hispanos han abandonado la religión tradicional y entrado en las filas del Evangelio y en el cierre de la historia, el latinoamericano está en posición de participar en la cosecha más grande de todos los tiempos.

¿Qué sucede cuando el hispano tiene tanta privilegiada

plataforma en la unión?

De la misma forma que América latina ha abrazado y bendecido a Israel en sus respectivos países, yo creo que serán los latinos en Estados Unidos los que regresen a la nación a la buena comunión con Israel.

Esto puede ser en parte predicción, y creo que Dios nos da un buen sentido para entender aun lo que está delante.

Esto no me permite ver la profecía desde un punto de vista fatalista, sino más bien entender el plan de Dios de salvar a muchos antes de cerrar la historia.

PARTE 5 JERUSALÉN ACTUAL VS. ETERNA

8 ¿CUAL TEMPLO?

Una de las escuelas más populares de interpretación apocalíptica, asegura que antes que el Señor regrese, se deberá levantar un tercer templo en Jerusalén, y algunos han ido tan lejos como a asegurar que en una futura era, judíos y gentiles adorarán juntos en ese templo donde se restaurarán los sacrificios de la manera que fue en el templo de Salomón (o más tarde en el templo de Herodes).

Esto no solamente NO tiene apoyo bíblico, sino que viola una doctrina cardinal en cuanto al Pacto de Gracia.

Regresar a sacrificios en un templo sería retroceder a la ley (un pacto que ya caducó para siempre) y anular el perfecto sacrificio de Cristo (el cordero sin mancha) el cual una vez ofrecido ya no hay necesidad de más sacrificios. A la vez, esto destruye el argumento de que la edificación de dicho templo es algo que detiene la venida del Señor.

Veamos los textos.

1- Los sacrificios que se hacían bajo la ley de Moisés jamás pudieron quitar el pecado completamente pues solo eran sombra del sacrificio perfecto de Cristo. Estos dejaban tu conciencia igual que como estaba antes de dichos sacrificios. Regresar a esos sacrificios sería un atraso.

Lo cual es símbolo para el tiempo presente, según el cual se presentan ofrendas y sacrificios que no pueden hacer perfecto, en cuanto a la conciencia, al que practica ese culto. Hebreos 9:9

Y ciertamente todo sacerdote está día tras día ministrando y ofreciendo muchas veces los mismos sacrificios, que nunca pueden quitar los pecados. Hebreos 10:11

2- El sacrificio de Cristo fue *"una sola vez"* lo que quiere decir que ya no hay necesidad de otros.

De otra manera le hubiera sido necesario padecer muchas veces desde el principio del mundo; pero ahora, en la consumación de los siglos, se presentó una vez para siempre por el sacrificio de sí mismo para quitar de en medio el pecado. Hebreos 9:26

...pero Cristo, habiendo ofrecido una vez para siempre un solo sacrificio por los pecados, se ha sentado a la diestra de Dios. Hebreos 10:12

Porque si pecáremos voluntariamente después de haber recibido el conocimiento de la verdad, ya no queda más sacrificio por los pecados. Hebreos 10:26

3- El pacto de la Ley ya caducó (murió) y era un pacto temporal.

Al decir: Nuevo pacto, ha dado por viejo al primero; y lo que se da por viejo y se envejece, está próximo a desaparecer. Hebreos 8:13

...porque el fin de la ley es Cristo, para justicia a todo aquel que cree. Romanos 10:4

4- Tenemos un pacto mejor. ¿Por qué habríamos de regresar a algo que era peor?

Por tanto, Jesús es hecho fiador de un mejor pacto. Hebreos 7:22

Pero ahora tanto mejor ministerio es el suyo, cuanto es mediador de un mejor pacto, establecido sobre mejores promesas. Hebreos 8:6

5- La Gracia es eterna (no se puede interrumpir).

Ahora bien, aun el primer pacto tenía ordenanzas de culto y un santuario terrenal. Hebreos 9:1

Así que, por eso es mediador de un nuevo pacto, para que interviniendo muerte para la remisión de las transgresiones que había bajo el primer pacto, los llamados reciban la promesa de la herencia eterna.

Hebreos 9:15

Y el Dios de paz que resucitó de los muertos a nuestro Señor Jesucristo, el gran pastor de las ovejas, por la sangre del pacto eterno. Hebreos 13:20

9 NUESTRO FUTURO: JERUSALÉN LA DE ARRIBA

La Ciudad de Dios

Siempre han existido corrientes que han tratado de minimizar la eternidad con explicaciones terrenales y con el uso textos aislados introducir enseñanzas tales como que el paraiso será en la tierra o que vamos a vivir en la tierra para siempre.

También muchos se han inclinado por la idea de que Dios establecerá un gobierno en la tierra donde Jerusalén será la capital y de ahí regirá a las naciones. Nada está más lejos de la verdad.

Nuestro futuro es celestial, no terrenal.

La Biblia nos insta a poner la vista en las cosas celestiales, en las de arriba, y en realidad nuestro futuro es en la nueva Jerusalén.

1- Debemos poner la mirada en las cosas de arriba

Si, pues, habéis resucitado con Cristo, buscad las cosas de arriba, donde está Cristo sentado a la diestra de Dios. Colosenses 3:1

Poned la mira en las cosas de arriba, no en las de la tierra. Colosenses 3:2

2- Nuestra Jerusalén NO está en el medio oriente

Porque Agar es el monte Sinaí en Arabia, y corresponde a la Jerusalén actual, pues ésta, junto con sus hijos, está en esclavitud. Mas la Jerusalén de arriba, la cual es madre de todos nosotros, es libre. Gálatas 4:25-26

Note que dice que la Jerusalén actual está en esclavitud. El verso 24 en ese mismo capítulo dice que: *"da hijos para esclavitud"*, y esto es referencia directa a la ley que fue dada en el monte Sinaí, y sabemos que la Ley de Moisés esclaviza.

Cuando la palabra de Dios nos dice que pongamos la vista en la Jerusalén de arriba nos da referencia directa a la eternidad que pasaremos con Dios donde está su trono y su trono no es terrenal (más en esto debajo).

Ya mencionamos (Gálatas 4:24-26) la alegoría que Pablo establece entre los dos montes, siendo Sinaí (la Jerusalén actual) el que está en esclavitud. En Hebreos Pablo (y yo creo que Pablo escribió Hebreos), nos menciona al otro monte, Sion para representar a *"La Ciudad del Dios Vivo"* al que también llama *"Jerusalén la Celestial"*.

> *...sino que os habéis acercado al monte de Sion, a la ciudad del Dios vivo, Jerusalén la celestial, a la compañía de muchos millares de ángeles.*
> Hebreos 12:22

Ese es nuestro destino, *"Jerusalén la Celestial"*. Esa es la *"Ciudad del Dios Vivo"*.

Veamos más en detalles nuestro hogar celestial.

> *Y me llevó en el Espíritu a un monte grande y alto, y me mostró la gran ciudad santa de Jerusalén, que descendía del cielo, de Dios. Apocalipsis 21:10*

La palabra *"descender"* no quiere decir que se estacionó en la tierra. Más bien nos da la idea de una ciudad suspendida en el aire. Por lo menos, esa es la manera en que Juan la vió en su visión. Hay que recordar que Juan estaba mirando de abajo para arriba.

Características de la ciudad y nuestra vida en ella

1- Dios morará con nosotros en la nueva Jerusalén.

> *Y oí una gran voz del cielo que decía: He aquí el tabernáculo de Dios con los hombres, y él morará con ellos; y ellos serán su pueblo, y Dios mismo estará con ellos como su Dios. Apocalipsis 21:3*

2- Ya no habrá muerte, viviremos eternamente.

Enjugará Dios toda lágrima de los ojos de ellos; y ya no habrá muerte, ni habrá más llanto, ni clamor, ni dolor; porque las primeras cosas pasaron Apocalipsis 21:4

3- La ciudad tiene características específicas.

Y me llevó en el Espíritu a un monte grande y alto, y me mostró la gran ciudad santa de Jerusalén, que descendía del cielo, de Dios, teniendo la gloria de Dios. Y su fulgor era semejante al de una piedra preciosísima, como piedra de jaspe, diáfana como el cristal. Tenía un muro grande y alto con doce puertas; y en las puertas, doce ángeles, y nombres inscritos, que son los de las doce tribus de los hijos de Israel; al oriente tres puertas; al norte tres puertas; al sur tres puertas; al occidente tres puertas. Y el muro de la ciudad tenía doce cimientos, y sobre ellos los doce nombres de los doce apóstoles del Cordero. El que hablaba conmigo tenía una caña de medir, de oro, para medir la ciudad, sus puertas y su muro. La ciudad se halla establecida en cuadro, y su longitud es igual a su anchura; y él midió la ciudad con la caña, doce mil estadios; la longitud, la altura y la anchura de ella son iguales. Y midió su muro, ciento cuarenta y cuatro codos, de medida de hombre, la cual es de ángel. El material de su muro era de jaspe; pero la ciudad era de oro puro, semejante al vidrio limpio; y los cimientos del muro de la ciudad estaban adornados con toda piedra preciosa. El primer cimiento era jaspe; el segundo, zafiro; el tercero, ágata; el cuarto, esmeralda; el quinto, ónice; el sexto, cornalina; el séptimo, crisólito; el octavo, berilo; el noveno, topacio; el décimo, crisopraso; el undécimo, jacinto; el duodécimo, amatista. Las doce puertas eran doce perlas; cada una de las puertas era una perla. Y la calle de la ciudad era de oro puro, transparente como vidrio. Y no vi en ella templo; porque el Señor Dios Todopoderoso es el templo de ella, y el Cordero. La ciudad no tiene necesidad de sol ni de luna que brillen en ella; porque la gloria de Dios la ilumina, y el Cordero es su lumbrera. Apocalipsis 21:10-23

Ahora, vamos a filtrar esto por el lente de Pablo

Pablo sitúa el trono de Dios en el tercer cielo. El nos da un recuento de su experiencia cuando fue arrebatado a la presencia de Dios.

Conozco a un hombre en Cristo, que hace catorce años (si en el cuerpo, no lo sé; si fuera del cuerpo, no lo sé; Dios lo sabe) fue arrebatado hasta el tercer cielo. Y conozco al tal hombre (si en el cuerpo, o fuera del cuerpo, no lo sé; Dios lo sabe), que fue arrebatado al paraíso, donde oyó palabras inefables que no le es dado al hombre expresar. 2 Corintios 12:2-4

Otras descripciones de Pablo en cuanto a nuestra morada eterna.

1- Tenemos una casa no hecha de manos, eterna, en los cielos.

Porque sabemos que si nuestra morada terrestre, este tabernáculo, se deshiciere, tenemos de Dios un edificio, una casa no hecha de manos, eterna, en los cielos. 2 Corintios 5:1

En ese texto Pablo menciona tres cosas (1)- Moraremos en una casa (2)- Esa morada es eterna 3- Esa morada está en los cielos.

2- Pertenecemos a los cielos, no a la tierra.

Mas nuestra ciudadanía está en los cielos, de donde también esperamos al Salvador, al Señor Jesucristo. Filipenses 3:20

4- Nuestra esperanza está en los cielos.

...a causa de la esperanza que os está guardada en los cielos, de la cual ya habéis oído por la palabra verdadera del evangelio. Colosenses 1:5

¿Donde exactamente en el universo queda eso?

Aclaración: Esto lo digo solo basandome en conclusiones, ideas, aunque debo aclarar que no estoy estableciendo una verdad teológica doctrinal.

A veces he pensado que la nueva Jeruselén (nuestra ciudad futura) quedará establecia en algún lugar entre el tercer cielo (donde fue arrebatado Pablo) y encima de la tierra (donde estamos ahora) y ese lugar se llama *"los cielos"* en plural.

He aquí mi razonamiento.

1- La Biblia dice que Cristo en su Segunda Venida "descenderá". Lo que quiere decir que si Pablo lo vió en el "tercer cielo", más arriba de los cielos, al descender del tercer cielo ¿A dónde nos levantará? A un lugar en el medio, que se llama cielos.

Porque el Señor mismo con voz de mando, con voz de arcángel, y con trompeta de Dios, descenderá del cielo; y los muertos en Cristo resucitarán primero.
1 Tesalonicenses 4:16

2- De la misma manera que Pablo dice que Cristo *"descenderá"*, también Juan dice que la Nueva Jerusalén *"descenderá"*. Si desciende del cielo, pero no llega a la tierra, entonces se quedará en ese lugar llamado *"cielos"*.

Y me llevó en el Espíritu a un monte grande y alto, y me mostró la gran ciudad santa de Jerusalén, que descendía del cielo, de Dios. Apocalipsis 21:10

3- Entonces Pablo y Juan coinciden en que Cristo descenderá y la Nueva Jerusalén también descenderá.

Y tenemos la seguridad de que no nos quedaremos aquí en la tierra porque Pablo dice que seremos *"arrebatados"* o sea *"levantados"* para recibir al Señor en el aire... y así estaremos siempre con el Señor. ¿Donde?

En los aires. O sea, ni en la tierra, ni en el tercer cielo, sino en los cielos, que es donde estará la *"Nueva Jerusalén"* nuestra ciudad eterna.

Esta es nuestra gran esperanza. Cuando Cristo venga, estaremos siempre con el Señor.

10 Y TU ¿QUÉ FIN ESPERAS?

Tenemos buenas noticias.

Aunque usted oiga miedo de todas partes y la amenza de un fin horrible, de destrucción, terror y juicio, debe tener presente una verdad.

Aunque viniere tribulación a esta tierra, y ciertamente vendrá tribulación y juicio... Dios no dejará a sus escogidos en medio de tribulación.

El justo es librado de la tribulación. Proverbios 11:8

El te ha justificado por Gracia *"te ha hecho Justo"* y no te dejará aquí en día de tribulación.

Sin embargo los que no tienen esperanza, tendrán que enfrentar un diferente futuro.

Si tu no tienes seguridad en cuanto a dónde pasarás la eternidad, en este mismo instante puedes asegurarte de ello.

El mismo Jesús dijo:

El que cree en el Hijo tiene vida eterna. Juan 3:36

¿Cómo puedes creer y asegurar la vida eterna?

Dice Pablo en Romanos:

...que si confesares con tu boca que Jesús es el Señor, y creyeres en tu corazón que Dios le levantó de los muertos, serás salvo. Romanos 10:9

1- Confiesa con tu boca que Jesús es el Señor.

2- Cree en tu corazón que Dios le levantó de los muertos.

Si estas listo(a) haz conmigo esta oración:

Padre celestial, en este mismo instante yo confieso con mi boca que Jesucristo es el Señor y creo con todo mi corazon que tu le levantaste de los muertos para darme salvación eterna. Yo recibo el don de la vida eterna y te doy gracias por recibirme como un hijo tuyo en este mismo momento. En el nombre de Jesús. Amen.

Bienvenido(a) a la familia de Dios

Si usted ha hecho esta oración, yo le pido que nos escriba.

Queremos enviarle información que le ayudará a comenzar su caminar con Cristo. También quisieramos conectarle con otros discípulos de Cristo en su ciudad.

¡Nos vemos en la Nueva Jerusalén!

Bibliografía

1- *La Ciencia Habla [Science Speaks] de Peter Stoner (Moody Press, 1963)*

2- *Tomada del libro Evidencias que Exigen un Veredicto [Evidence that Demands a Verdict] de Josh McDowell.*

3- *El Caso Roe contra Wade o Roe vs. Wade, es el nombre del caso judicial por el cual la Corte Suprema de los Estados Unidos reconoció, en 1973, (por fallo dividido) el derecho a la interrupción voluntaria del embarazo o aborto inducido en Estados Unidos. Roe v. Wade Decision U.S. Supreme Court ROE v. WADE, 410 U.S. 113 (Janyary 22, 1973) 410 U.S. 113 Roe et al. versus Wade, District Attornye of Dallas County, Appeal from the United States District Court for the Northern District of Texas, No. 70-18. Argued December 13, 1971 Reargued October 11, 1972 - Decided January 22, 1973*

4- *U.S. Abortion Statistics. Facts and figures relating to the frequency of abortion in the United States. http://www.abort73.com/abortion_facts/us_abortion_statistics/*

5- *The Center for Bio-Ethical Reform http://www.abortionno.org/Resources/fastfacts.html*

6- *FACTS ABOUT ABORTION IN THE UNITED STATES Incidence of Abortion Orlando Women's Center http://www.womenscenter.com/*

abortion_stats.html

7- *The 'evolution' of Obama's stance on gay marriage By Tom Curry, msnbc.com National Affairs Writer 9 Mayo 2012*

8- *Protecting Traditional Marriage Activist courts and zealous political leaders are engaging in an aggressive campaign to alter the landscape of marriage. http://aclj.org/marriage/protecting-traditional-marriage*

9-On May 15, 2008, the Supreme Court of California issued a decision in which it effectively legalized same-sex marriage in California. "California same-sex marriage ban struck down". CNN. May 16, 2008. Retrieved June 27, 2010.

10- El Abandono de Israel por Charles Krauthammer (Traducción de Alfredo M. Cepero) Libertad USA http://libertadusa.com/?p=1561

11- SANCIONES Libertad USA http://libertadusa.com/?p=1561 Parrafo (1)

12- SANCIONES Libertad USA http://libertadusa.com/?p=1561 Parrafo (2)

13- NEGOCIACIONES Libertad USA http://libertadusa. com/?p=1561 Parrafo (1)

14-Aislamiento Diplomático Libertad USA http://libertadusa. com/?p=1561 Parrafo (1)

15-Aislamiento Diplomático Libertad USA http://libertadusa. com/?p=1561 Parrafo (4)

16-Aislamiento Diplomático Libertad USA http://libertadusa. com/?p=1561 Conclusión.

17- Obama "lanza a Israel bajo el autobús". ¿Hay acuerdo entre EEUU y Rusia sobre Irán y Siria? Septiembre 02, 2012 La Proxima Guerra http://www.laproximaguerra.com/2012/09/obama-deja-tirado-a-israel-acuerdo-con-rusia-sobre-iran-siria.html

18- US disowns Israel over Iran strike: No weapons or military backup // DEBKAfile Exclusive Analysis September 1, 2012 http://www.debka.com/article/22324/US-disowns-Israel-over-Iran-strike-No-weapons-or-military-backup

19- Elecciones EE.UU. 2012 Dios y Jerusalén: Quita y Pon en el programa demócrata EMILI J. BLASCO http://www.abc. es/20120906/elecciones-estados-unidos/abci-dios-jerusalen-rectificacion-convencion-201209060134.html

20- Javier Santiso Profesor de economía en ESADE Business School. Lo que podemos aprender de Israel http://www.americaeconomia. com/revista/lo-que-podemos-aprender-de-israel

21- Javier SantisoProfesor de economía en ESADE Business School. Lo que podemos aprender de Israel http://www.americaeconomia. com/revista/lo-que-podemos-aprender-de-israel

22- Del libro Start-Up Nation: The Store of Israel's Economic Miracle (Hachette Book Group, 2009)

23- Innovalatino, de la escuela de negocios INSEAD y del Centro de Desarrollo de la OCDE - América Económica. http://www. americaeconomia.com/revista/lo-que-podemos-aprender-de-israel

24- Medios Mexico - Konrad Adenauer Stiftung //Daniel de la Fuente, Reforma, 21 de junio.

25- Medios Mexico - Konrad Adenauer Stiftung // Daniel de la Fuente, Reforma, 21 de junio.

26- Parlamentarios chilenos analizaron ventajas de TLC con Israel Fuente: oficina de prensa embajada de Israel en Chile http://www. anajnu.cl/parlamentarioschilenos.htm

27- Llevan modelo israelí a Boca del Monte // Eddy Coronado siglo21.com.gt

28- Colombia se globaliza con acuerdos comerciales El Nuevo Siglo Abril 15, 2012 http://www.elnuevosiglo.com.co/articulos/4-2012-colombia-se-globaliza-con-acuerdos-comerciales.html

29- Llevan modelo israelí a Boca del Monte // Eddy Coronado siglo21.com.gt http://www.s21.com.gt/pulso/2012/07/18/llevan-modelo-israeli-boca-monte

30- Israel, el Silicon Valley en tecnologías de agua // Fernando González Portafolio http://www.portafolio.co/economia/%E2%80%98israel-el-silicon-valley-tecnologias-agua%E2%80%99

31- Empresarios de Israel, con la mira en Colombia

http://www.portafolio.co/empresarios-israel-la-mira-colombia

*32- Revista Mercados y Tendencias 29 de agosto de 2012 http://
revistamyt.com/2012/08/costa-rica-busca-en-israel-modelo-de-
seguridad-para-adaptarlo-a-sus-fronteras/*

*33-Experto en tecnología de EE.UU.: 'Israel es un modelo para el
mundo' May 21st, 2012 http://comerciohispanoisraeli.com/posts/
desarrollo/experto-en-tecnologia-de-ee-uu-%E2%80%98israel-es-un-
modelo-para-el-mundo%E2%80%99/*

*34- En el año 2042 la población "blanca" en Estados Unidos dejará
de ser mayoría en ese país. Terra (ed.): «Minorías serán mayoría
en Estados Unidos en 2050» (14-08-2008). Consultado el 4 de
septiembre de 2009.*

*35- El aumento de la población hispana llegará a tal punto que,
para 2050, la primera minoría entre los niños (39%) será hispanos,
superando a los anglosajones (38%). Terra (ed.): «Minorías serán
mayoría en Estados Unidos en 2050» (14-08-2008). Consultado el 4
de septiembre de 2009.*

*36- Con esa cantidad, los hispanos pasarán a ser el 30% de la
población estadounidense, de modo que de cada tres personas, una
será de origen hispano. «Minorías serán mayoría en Estados Unidos
en 2050» (14-08-2008). Consultado el 4 de septiembre de 2009.*

*37- En 2042 los hispanos se convertirán en mayoría absoluta en
California. Latinos serán mayoría en California en 2020, según
informe» (12-08-2008). Consultado el 4 de septiembre de 2009.
Contacto Magazine (ed.): «Hispanos Serán Mayoría en California en
35 años» (07-2007). Consultado el 4 de septiembre de 2009.*

*38- En 2007 California era ya la octava economía del mundo,
superada por el resto de EEUU y otras 6 potencias. Contacto
Magazine (ed.): «Hispanos Serán Mayoría en California en 35 años»
(07-2007). Consultado el 4 de septiembre de 2009.*

sobre el autor

J.A. Pérez *(Jorge Armando)* es un sazonado evangelista misionero y autor de varios libros que ha plantado iglesias y viajado ampliamente predicando el evangelio desde muy joven.

Sus concentraciones masivas han atraído grandes multitudes durante años guiando a miles a una relación personal con Jesucristo.

Dedica gran parte de su tiempo en jornadas humanitarias en países del tercer mundo, llegando con atención médica, recursos y campañas educativas a aquellos que han sido dañados por alguna catástrofe, o simplemente crecido en un ambiente carente de oportunidades.

Influencias

Nació en Cuba y fue desde pequeño influido por su abuelo, quien le heredó la pasión las Sagradas Escrituras, la literatura y las fabulas e historietas de fantasía que él había recibido de los monjes que le criaron en un monasterio en las Islas Canarias.

Viviendo

Disfruta la poesía y la trova y reside en San Diego, California, donde ama pasar tiempo con su esposa, sus tres hijos y desde donde se coordinan todos los eventos de la asociación que lleva su nombre.

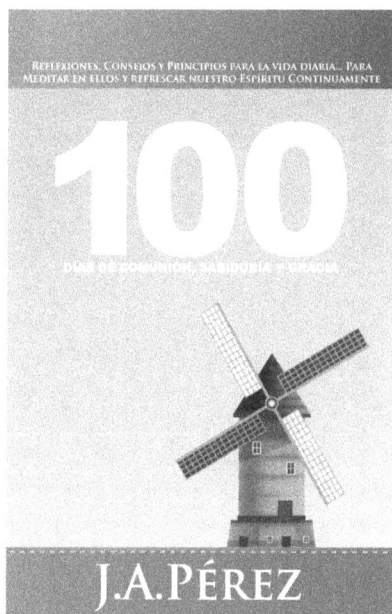

Paperback: 160 páginas
Publicado por: Keen Sight
Books (Septiembre 21, 2012)
ISBN-10: 0615703852
ISBN-13: 978-0615703855

Este no es un libro con una historia que tiene principio y fin. Es un manual, un libro de referencia para la vida diaria. Los consejos y principios en este libro son para ser visitados continuamente, para meditar en ellos y refrescar nuestro espíritu continuamente. J.A.Pérez nos entrega reflexiones y consejos prácticos sacados de su diario caminar y devoción. Para crecer en comunión con Dios, en sabiduría y conocimiento de verdades del Evangelio de Gracia, que nos ayudan a vivir seguros, gozosos y libres de culpa.

Nuestros libros pueden ser obtenidos en librerías y distribuidoras mundialmente. Para una lista de librerías, puede ir a:

www.japerez.org/libros o a www.47books.com

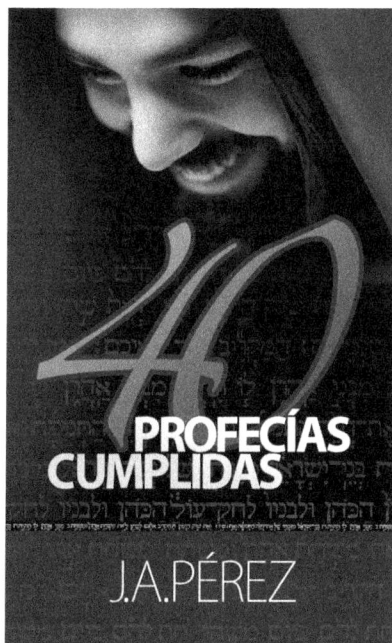

PROFECÍAS CUMPLIDAS

J.A.PÉREZ

Paperback: 114 páginas
Publicado por: Keen Sight
Books (Agosto 21, 2012)
ISBN-10: 061568890X
ISBN-13: 978-0615688909

La historia nos enseña que nuestro Padre Celestial, primero diseña su plan en su mente, luego lo anuncia (por medio de sus mensajeros) y luego lo ejecuta. Así la venida del Mesías fue extensamente anunciada. No solamente las apariciones angelicales a María y José. Durante siglos, Dios estuvo anunciando la venida de Jesús con gran exactitud y abundancia de detalles. En este libro J.A.Pérez nos lleva a 40 profecías especificas cumplidas en la primera venida de Jesús.

Nuestros libros pueden ser obtenidos en librerías y distribuidoras mundialmente. Para una lista de librerías, puede ir a:

www.japerez.org/libros o a www.47books.com

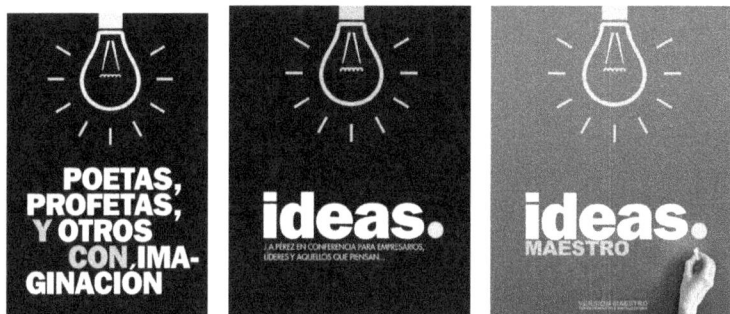

Libros clásicos del mismo Autor.

Nuestros libros pueden ser obtenidos en librerías y distribuidoras mundialmente. Para una lista de librerías, puede ir a:

www.japerez.org/libros o a www.47books.com

DESARROLLOS EDUCATIVOS
CONCENTRACIONES MASIVAS
MISIONES HUMANITARIAS

AGILIZANDO LA COSECHA

ASOCIACIÓN JA PÉREZ

INTEGRACIÓN DE NUEVOS
MOLDES Y ALTERNATIVAS QUE
AGILIZAN LA COSECHA GLOBAL

PROYECTOS MODELOS

Festivales

Un Festival (tanto en República de Gozo™ como en Fiesta Mayor™) es una celebración en grande, con arte, cultura, música y mucho más. Es un festival de vida que no es religioso sin embargo celebra y exalta a Jesucristo.

En un ambiente sano, para la familia con kioscos y talleres diarios con ayuda inmediata y programas de larga duración se hace un trabajo social responsable que dejará resultados en el área cubierta. Esto acompañado de conciertos y presentaciones que traen verdadero gozo y nos muestran el propósito para el cual fuimos creados.

Cada noche se lleva a cabo una Concentración Masiva donde se entrega el mensaje de salvación y esta es seguida por un concierto donde jóvenes y adultos se unen a celebrar y adorar a Jesucristo.

J.A.Pérez hace el llamado cada noche. Cientos pasan a recibir a Cristo y esto es seguido por la integración donde todos los estudiantes que han sido entrenados en la EEC los recibirán por zonas para llevarlos a las iglesias y ocuparse de sus necesidades inmediatas.

Durante el día en el estadio, médicos y consejeros asisten a las familias necesitadas. No solo con medicina y ayuda humanitaria, también sus necesidades espirituales son ministradas. Muchos se entregan a Cristo durante el día, lo que pasa a formar parte de la gran cosecha en el evento general.

Payasos, mimos, y un sinnúmero de presentaciones culturales desfilan en cada una de las plataformas del festival alcanzando a niños de todas las edades. También conciertos y talleres juveniles toman lugar durante el día en las diferentes carpas alrededor del estadio.

Carpas con talleres para la familia y temas para matrimonios, madres solteras, mujeres maltratadas, enfermedades contagiosas, adicciones, etc. operan durante todo el día alrededor del estadio. También Cristo es presentado y muchos son alcanzados de esta forma.

Cada noche, presentaciones musicales dirigidas a la cultura y región comparten la plataforma. También al cierre del alcance evangelístico, un gran concierto concluirá la noche.

Visite nuestra página de festivales en:
www.japerez.org

Entrenamiento

Escuela de Evangelismo Creativo™ El objetivo de EEC es comunicar el Evangelio de Jesucristo por medios originales y creativos que envuelven música, artes, deportes, cultura o cualquier otro elemento imaginativo.

Proceso

Es un sistema de entrenamiento que enseña Evangelismo como un estilo de vida usando: 1-Los talentos obvios de cada individuo. 2-El medio ambiente en que se desenvuelven los mismos.

Práctica

Ya sea con el Proyecto República de Gozo™, Fiesta Mayor™ o cualquier otro alcance o festival, en áreas donde se llevan a cabo estos proyectos paralelamente se lanzan extensos trabajos de evangelización. Desde la preparación (meses antes del evento) hasta el seguimiento (meses después del evento), los evangelistas de la Escuela de Evangelismo Creativo™ toman parte activa en la propagación del Evangelio en su respectiva ciudad.

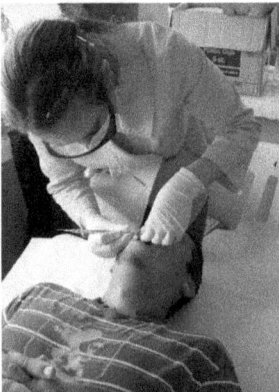

Misiones Humanitarias

Una misión humanitaria une a aquellos que han sido grandemente exitosos con los menos privilegiados de la sociedad. Por este medio, nos enfocamos en los pobres de cada ciudad o región, aquellos que han sido dañados por alguna catástrofe, o simplemente han crecido en un ambiente que carece de oportunidades.

El alcance consiste no solo en el auxilio rápido a una necesidad inminente. También organiza programas no solo para ayudar al que tiene hambre, sino que aparte de eso, lo involucra y enseña poniendo en sus manos herramientas para que se pueda valer por sí mismo y le educa para sacar a su familia hacia una mejor forma de vida.

La *Asociación JA Pérez* trabaja arduamente para mostrar el amor de Cristo por medio de alcances a familias en necesidad. Eso se hace por medio de las Misiones Humanitarias las cuales operan paralelamente a los Festivales y concentraciones masivas.

Semanas antes de un evento masivo, contingentes de voluntarios visitan regiones que han sido dañadas por algún desastre natural o lugares que simplemente permanecen bajo altos niveles de pobreza.

Una vez detectadas las necesidades de cada zona, se toma manos a la obra. Equipos visitan las familias en necesidad con asistencia médica, provisión de medicamentos y alimentos, y a la vez se integran programas a largo plazo que incluyen campañas de vacunación, programas para desnutrición (especialmente en infantes), desparasitación, y educación que trabajando coordinadamente con el evento en esa ciudad dejará un seguimiento a cargo de instituciones locales, iglesias y programas de los gobiernos.

Para información en cuanto a festivales y eventos en su nación puede contactarnos a:

Asociación JA Pérez
P.O. Box 211325
Chula Vista, CA 91921 USA
(619)377-4377
www.japerez.org